Eva Bakos

WILDE
WIENERINNEN

Leben zwischen Tabu und Freiheit

Ueberreuter

Für Alexander Giese

Die Deutsche Bibliothek – CIP-Einheitsaufnahme
Bakos, Eva:
Wilde Wienerinnen : Leben zwischen Tabu und Freiheit / Eva
Bakos. - Wien : Ueberreuter, 1999
ISBN 3-8000-3744-0

AU 0480/1
Alle Urheberrechte, insbesondere das Recht der Vervielfältigung,
Verbreitung und öffentlichen Wiedergabe in jeder Form,
einschließlich einer Verwertung in elektronischen Medien,
der reprografischen Vervielfältigung, einer digitalen Verbreitung
und der Aufnahme in Datenbanken, ausdrücklich vorbehalten.
Coverillustration: Porträt »Lotte Lenya« von Saul Bolasni,
Original in der Sammlung der National Portrait Gallery
in Washington D. C.
Copyright © 1999 by Verlag Carl Ueberreuter, Wien
Printed in Austria
3 5 7 6 4 2

Ueberreuter im Internet: www.ueberreuter.de

Inhalt

Die sichtbare Frau _____ 7

Musen mit Widerhaken_____ 11
Ida Orloff und Tilly Wedekind

Gegen-Spielerinnen _____ 61
Marie Geistinger und Josefine Gallmeyer

Verführerinnen _____ 113
Gina Kaus und Stephanie Hohenlohe

Verstörende Betörung _____ 165
Lotte Lenya

Weiterführende Literatur _____ 207
Bildnachweis _____ 208

DIE SICHTBARE FRAU

Wilde Wienerinnen? Wer waren denn die Frauen, die sich ungeniert über bürgerliche Konventionen hinwegsetzten, um aus eigener Kraft – sichtbar zu werden?

Bis ins 20. Jahrhundert hatte die Frau in der Öffentlichkeit nichts zu suchen. »Mädchen, die stets den Kopf auf die Straße stecken, denen steckt die Straße im Kopf …«, verknappte der Schriftsteller Moritz Saphir das Gebot, der Platz der Frau sei in den eigenen vier Wänden.

Dass bereits im 19. Jahrhundert ein Drittel aller Frauen einen Beruf hatte, machte sie noch immer nicht sichtbar. Denn ihr Arbeitsplatz war die Fabrik oder ein fremder Haushalt. Dort hatten sie zu funktionieren, nicht aufzufallen. Um als Person außerhalb des Hauses wahrgenommen zu werden, brauchten Frauen Mut, Talent, Anziehungskraft und – Verzweiflung. Im bürgerlichen Milieu, wo kleine Mädchen die nachhaltige Prägung zu Gehorsam, Unterordnung und lieblicher Unscheinbarkeit erfuhren, gedieh nur selten die Kraft zur Rebellion. Man musste schon mit jeglicher Konvention brechen, um sichtbar zu werden.

Nirgends richtete sich das Licht effektvoller auf Frauen als im Theater. Darum waren die ersten Frauen, die die Öffentlichkeit eroberten, Schauspielerinnen, Tänzerinnen, Sängerinnen. Sie wurden nicht nur gesehen. Niemand konnte sie unterbrechen, wenn sie ihr Publikum gekonnt rührten, entzückten, entsetzten, belehrten. Ihnen ließ man freiwillig das letzte Wort.

Gesehen und gehört zu werden, das gab den Frauen eine bisher unbekannte Macht, hinter der auch das eigene Geld und die eigene Moral standen.

Sie waren die ersten modernen Frauen mit dem Problem, in einer gar nicht modernen Welt zu agieren.

Das Publikum verlangte von ihnen immer neue, immer stärkere Reize und war schnell geneigt, die Frauen, die sie lieferten, zu dämonisieren, zu skandalisieren.

Der klug kalkulierte Tabubruch, der gerade noch lustvoll empört hingenommen wurde, gehörte zum Erfolgsrezept jener Schauspielerinnen, die zur Avantgarde selbstbestimmter Frauen wurden. Nicht alle schafften diesen heiklen Balanceakt, viele stürzten aus dem Licht ins Dunkel.

Von einigen, die diesen Weg mit viel Mut, unglaublicher Energie und beträchtlicher Rücksichtslosigkeit gegangen sind, ist in diesem Buch die Rede. Die meisten dieser Frauen sind Schauspielerinnen, aber auch eine Autorin, die dem Theater und dem Film nahe stand, ist dabei. Und eine Abenteuerin, deren Leben die spannendsten Dramen in den Schatten stellt. Mit totalem körperlichem und seelischem Einsatz gestalteten sie ihre Lebensrolle selbst. Sie verweigerten es, Erlöserin des Mannes zu spielen. Männer waren für sie Liebes- und Lustobjekt und Aufstiegshilfe, Vaterersatz und Rollenlieferant, aber auch geförderter Partner. Dafür ernteten sie heiße Leidenschaft und kalte Verachtung, irritierte Bewunderung und irrwitzige Verzweiflung. Männer haben sich für sie ruiniert oder sie ausgebeutet, sie in ihren Werken umkreist, verdammt, verherrlicht. Übersehen konnte sie keiner.

Im Leben dieser wilden Wienerinnen spiegelt sich auch eine wilde Zeit mit politischen und gesellschaftlichen Verwerfungen.

Wenn der Theaterkritiker Julius Bab 1915 den »Verlust der

Naiven« bedauert, deren »heitere Lebenskraft das Glück der Bühne bedeutete«, dann war auch im wirklichen Leben kein Bedarf an silberhellen Dummerln, die alle Entscheidungen den Männern überließen. Denn die waren weit weg, an der Front.

Aber schon lange vorher war ein neuer Schauspielerinnentypus aufgetaucht, der Männer ebenso sehr faszinierte wie erschreckte: die »Problematische«, die ein »nervöses Zittern hysterisch aufwirbelnder, überreizter Nerven« begleitete, weil sie etwas ganz anderes wollte, als die Männer mit ihr vorhatten.

Zwei Welten stießen unter Blitz und Donner aneinander: die Frau von morgen und der Mann von gestern. Einige der wilden Wienerinnen dieses Buchs haben diese Zusammenstöße auf der Bühne wie im Alltag durchlebt. Die meisten von ihnen sind gestärkt daraus hervorgegangen. Und sie sind auf eine Weise alt geworden, die auch heute noch den größten Tabubruch bedeutet: mit unverändertem Appetit aufs Leben und auf die Liebe.

Das hat sie bis zuletzt sichtbar gemacht.

Eva Bakos

MUSEN MIT WIDERHAKEN

Ida Orloff und Tilly Wedekind

Der Samowar summt im Hintergrund des behaglichen, etwas nachlässig eingerichteten Zimmers. Die Hausfrau, eine attraktive Frau um vierzig, reicht Imbisse und zieht sich dann zurück. Einer ihrer Gäste, ein massiger Mann mit Cäsarenprofil, hebt ein Manuskript und liest es im Ton eines Märchenonkels vor – so beschreibt das später eine der beiden jungen Zuhörerinnen. Die beiden Mädchen hätten Schwestern sein können in ihrer feingliedrigen, großäugigen Schönheit, in ihren raschen, unkonventionellen Reaktionen, in ihrem scharfen Witz.

Was sie hören, ist kein Märchen, sondern eines der skandalumwittertsten Stücke der Jahrhundertwende: Frank Wedekinds »Büchse der Pandora«. Es ist der zweite Teil des Dramas um Lulu, die Frau jenseits von gut und böse, die mit ihrer ursprünglichen Sinnlichkeit Männer verzaubert und verdirbt – und die schließlich selbst Opfer der Männer wird.

Der komödiantisch begabte Vorleser genießt die Reaktionen seiner Zuhörerinnen. Das sind keine verklemmt kichernden Backfische, sondern intelligente, phantasievolle junge Frauen, die mit verstaubten Konventionen ebenso wenig anzufangen wissen wie der Autor und sein Interpret.

Für alle Beteiligten sollte diese Lesung eines ungewöhnlichen Stücks schicksalsbestimmend werden.

In der Wiener Wohnung der verwitweten Frau von Siegler-Ebenswald trafen einander ihre jüngste, sechzehnjährige Tochter Ida, deren drei Jahre ältere Freundin Tilly Newes und der Schriftsteller, Kulturhistoriker und spätere Schauspieler Egon Friedell.

Ida, die sich Iduschka nennt, war 1889 in St. Petersburg als Tochter des deutschen Brauereibesitzers Weißbeck auf die Welt gekommen. Nach dem Tod des Vaters heiratete die Mutter einen österreichischen Offizier und übersiedelte mit ihren drei Kindern nach einer Tour durch verschiedene Garnisonen nach Wien. Hier besucht Ida die Theaterschule Otto, die der Hofburgschauspieler Albert Heine leitet.

Ihre Freundin Tilly Newes, geboren 1887, Tochter eines Grazer Weinhändlers, ist bereits Schauspielerin. Mit knapp vierzehn hat sie ihren Entschluss, zum Theater zu gehen, durchgesetzt. Maximiliane Bleibtreu, eine Schwester der Burgschauspielerin Hedwig Bleibtreu, unterrichtet sie. Als die Eltern feststellen, dass Tilly von ihrem Berufswunsch nicht abzubringen ist, stecken sie das hauchzarte Mädchen zwei Monate zur Mastkur ins Bett, wo sie alle Stunden essen muss. Tilly nützt die Zeit, um die wichtigsten Klassiker zu lesen. Ihre ersten dramatischen Versuche absolviert sie im Schlosspark von Eggenberg, damals Irrenanstalt, wo ihre großen Ausbrüche als Maria Stuart und Johanna von Orleans nicht weiter auffallen.

Tilly ist hochbegabt und von hohem Durchsetzungsvermögen. In Graz spielt sie bereits größere Klassikerrollen und eine Charge in Wedekinds »Kammersänger«. Als sie Graz verläßt, um nach Köln und danach nach Wien zu gehen, werden ihr so viele Bouquets und Kränze auf die Bühne geworfen, dass ein Hausdiener der elterlichen Weinhandlung sie im Handwagen abtransportieren muss.

Um die Jahrhundertwende kann ein junges Mädchen nicht allein ins Engagement in eine fremde Stadt gehen und so wird Tilly von der Schwester, der Mutter, dem Bruder begleitet. Aber das hindert sie nicht, sich einen eigenen Freundeskreis zu schaffen. Sie lernt in Wien Karl Kraus und Egon Friedell kennen, freundet sich mit Ida an, die sich Orloff nennen wird, und genießt eine Liebelei mit einem jungen Wiener, den sie sicher nicht heiraten will.

Tilly ist sich ihrer reizvollen, grazilen Erscheinung sehr bewusst, sie liebt Hosenrollen, bei denen sie ihre schlanken Beine zeigen kann, und spielt ihre erotische Wirkung aus.

Tilly wie Ida entsprechen einem Frauentyp, der zu Beginn des 20. Jahrhunderts für beträchtliche Beunruhigung sorgt. Ihre elfenhafte Zartheit, ihre poetische Mädchenhaftigkeit stehen in spannendem Widerspruch zu ihrer unbefangenen Sinnlichkeit, ihrer verblüffenden Offenheit und ihrem entwaffnenden Humor. In der bildenden Kunst und in der Literatur dieser Zeit wimmelt es von seelenvollen Kindfrauen, opferbereit und unterwürfig, die von Schauspielerinnen von »pikanter Gebrechlichkeit und dekadenter Nervenschwäche« – so der Kritiker Julius Bab – verkörpert werden.

Noch immer hatte das Weib schwach und unterwürfig zu sein, sich allenfalls in Hysterie zu flüchten oder in bleicher Dämonie aufzuflackern.

Tilly Newes und Ida Orloff, die diese Projektion spießiger Männerträume durch ihre Erscheinung auf sich zogen, sprengen durch ihre Eigenwilligkeit diese vorgegebene Form. Aber damit können die beiden großen Dichter, die von ihnen fasziniert sind, nicht viel anfangen.

Tilly Newes spielt 1905 am Kaiser-Jubiläums-Stadttheater, der heutigen Volksoper, bereits große Rollen.

Bei einem Künstlerball wird die Neunzehnjährige, als Jüngste der Gesellschaft, gebeten, etwas zu rezitieren. Sie entscheidet sich spontan für eines von Wedekinds »Brettl-Liedern«, die sie in Deutschland entdeckt hatte. Diese freche Lyrik hatte ihr ebenso gut gefallen wie das Bild des Autors.

Mit viel Charme und erotischen Untertönen spricht sie nun Wedekinds »Ilse«: »Ich war ein Kind von fünfzehn Jahren ...« Karl Kraus horcht auf, ist bezaubert von diesem ungenierten, strahlenden Geschöpf, das ohne einen falschen Ton das Gedicht zu Ende spricht: »... und wenn ich keinem mehr gefalle, dann will ich gern begraben sein.« Er applaudiert begeistert.

Bald darauf organisiert er eine private Aufführung von Wedekinds von der Zensur verbotenem Stück »Die Büchse der Pandora«. Es ist der zweite Teil des Stücks »Erdgeist« – Wedekind wird beide Teile später zu dem Drama »Lulu« zusammenfassen.

Frank Wedekind ist ein Einzelgänger in der Literatur seiner Zeit, ein Zertrümmerer von Konventionen und Lebenslügen. Der Sohn eines wohlhabenden Arztes schreibt seit frühester Jugend und hat bis zu seinem 40. Lebensjahr keinen Erfolg. Nach einem Zerwürfnis mit dem Vater arbeitet er als Reklamechef für Maggi und für einen Zirkus, ist in Paris Sekretär eines zwielichtigen Galeristen und Kunstfälschers, singt im Münchner Kabarett »Die elf Scharfrichter« freche Lieder zur Laute und hat für ein – uns heute harmlos-despektierlich erscheinendes – Gedicht Festungshaft bekommen.

Die Welt des Varietés, der Bordelle fasziniert ihn so sehr, wie ihn die Verlogenheit des Bürgertums abstößt. Die Sexualität der Frau dämonisiert er im Stil seiner Zeit und stellt sie dem rücksichtslosen Egoismus des Mannes gegenüber. Sein Stück »Die Büchse der Pandora« wird 1904 als »unzüchtige Schrift« beschlagnahmt und eingestampft.

Eine Herausforderung für den ebenso umstrittenen Karl Kraus, diesem Stück zum Durchbruch zu verhelfen.

Kraus mietet 1905 für die Aufführung das Trianontheater im Wiener Nestroyhof und stellt gemeinsam mit dem Schauspieler und Regisseur Albert Heine eine fulminante Besetzung zusammen. Der Autor Frank Wedekind spielt »Jack the Ripper«, den Frauenmörder, der als Rächer aller von Lulu betörten und verratenen Männer für das blutige Finale sorgt.

Die lesbische Gräfin Geschwitz, eine berührende Liebende, die Lulu als einzige die Treue hält, sollte Adele Sandrock spielen. Die vulkanische Heroine des Burgtheaters, die im Zorn ihrem Direktor den Vertrag vor die Füße warf und nun mit Tilly Newes am Kaiser-Jubiläums-Stadttheater spielte, nutzt dieses Angebot gleich für eines ihrer beliebten Privatdramen. »Dieses Weib soll ich spielen? Da nimmt mich Willy vom Theater!«

Willy ist ihre Schwester Wilhelmine, ebenfalls Schauspielerin und kummergewohnte Zeugin von Adeles turbulentem Liebesleben. Aber wann immer Adele etwas erpressen will, muss Willy als moralische Instanz herhalten.

Diesmal erpresste sie einen Kniefall von Frank Wedekind und ist bereit zu spielen.

In großen und kleinen Rollen sind Anton Edthofer, Egon Friedell und Karl Kraus besetzt. Tilly soll den Pagen Bob spielen und wieder einmal viel Bein zeigen. Ihre Freundin Ida, Lieblingsschülerin von Regisseur Albert Heine, spielt das zwölfjährige Mädchen Kadidja.

Bei den Proben lässt Tilly durch ihre ungewöhnliche Persönlichkeit aufhorchen. Heine beobachtet sie und bietet ihr die Hauptrolle an. Sie hätte das Format, das ungebändigte Naturwesen Lulu zu spielen. Tilly wehrt sich: »Laßt mich doch den Bob spielen.« Sie fühlt sich dieser »Nachtwandlerin der Liebe, die erst fällt, wenn sie angerufen wird« – so Karl Kraus – nicht gewachsen. Schließlich riskiert sie es – und gewinnt.

Sie ist die Lulu, die Wedekind erträumt: jung, naiv, triebhaft, ohne jedes Bewusstsein ihrer Wirkung. Die Lulu wird auf der Bühne und im Leben ihre Schicksalsrolle.

Wedekind, der in den Kulissen auf seinen Auftritt als Mörder wartet, zittert vor Erregung. Tilly gibt ihm einen Kuss.

Sie registriert dann sein unroutiniertes, fast plumpes Spiel, dessen Wirkung sich jedoch niemand entziehen kann. Die größten Schauspieler, unter ihnen Josef Kainz, bewundern seine ungewöhnliche Ausdruckskraft und weigern sich, ihm seine Rollen nachzuspielen. Für Wedekind wird seine expressive Darstellungskraft ein Mittel, seine Stücke durchzusetzen. Und in der jungen Frau, die ihn so spielerisch küsst, sieht er auf den ersten Blick eine Mitstreiterin.

Bei einem Bankett nach der umjubelten Vorstellung sitzt Wedekind neben Tilly und fragt sie, was er alle Frauen fragt:

»Sind Sie noch Jungfrau?«

»Natürlich nicht«, sagt sie. »Es war an seinem 25. Geburtstag und ich hätt's ihm gern auf den Geburtstagstisch gelegt.«

Wedekind lacht. Tillys Widerhaken sitzt.

Die Wiener Aufführung der »Büchse der Pandora« hat viele Nachwirkungen. Egon Friedell, der als Polizeikommissar nur einen Satz zu sagen hat, gewinnt Geschmack an der Schauspielerei, die ihn später zu Max Reinhardt nach Berlin führt.

Im Publikum des Trianontheaters sitzt ein bildschöner junger Mann, dem der Lulu-Stoff nicht mehr aus dem Kopf geht: Alban Berg. Er wird daraus eine der spannendsten modernen Opern machen. Ida Orloff fällt in ihrer winzigen Kinderrolle so positiv auf, dass sie ein Engagement am Berliner Lessingtheater bei Otto Brahm bekommt.

Wedekind kann sich dem Zauber Tillys nicht mehr entziehen. »Verehrte große Künstlerin! Entzückendes Menschenkind!«, schreibt er ihr. »Das Publikum hätte mein Stück nicht ohne Ihr kluges und madonnenhaftes Spiel hingenommen.« Er fleht um ein Bild und bestätigt ihr die Richtigkeit ihrer Auffassung: Die Lulu ist kein Vamp, wie sie bisher dargestellt wurde, sie ist eine Naturgewalt, an der alle bürgerlichen Konventionen scheitern. »Die kann von der Liebe nicht leben, weil ihr Leben Liebe ist.« Der Maler Emil Holitzer porträtiert Tilly im Harlekinskostüm der Lulu, plötzlich steht Wedekind

Tilly Wedekind

vor ihr, will ihr den Kuss zurückgeben, den sie ihm vor seinem Auftritt schenkte.
Sie läuft davon, rund um einen Tisch – genauso wie Lulu in einer Atelierszene. Den beiden wird diese Übereinstimmung schlagartig klar, sie bleiben stehen und lachen.
»Was schreiben Sie auch so dumme Stücke«, sagt Tilly. Und kommentiert in ihren Memoiren, aus der Erfahrung eines Lebens, melancholisch, was sie sich damals noch traute! Wedekind schreibt ihr die skurrilste Liebeserklärung – in einem

Brief an einen nicht existenten Hund Tillys, den sie ebenso an der Leine habe wie ihn selbst. Und er schickt ihr ein verliebt-aggressives Gedicht: »Wetterfahne«.

»Dreh dich hin
Dreh dich her,
Schöne Wetterfahne.
Ach, der erste Wintersturm
Schleudert dich herunter …«

»Aber nicht für immer«, kommentiert die achtzigjährige Tilly im Rückblick, fünfzig Jahre nach dem Tod Wedekinds: »Ich bin noch da!«

Tilly bekommt nun auch ein Angebot aus Berlin, ans Kleine Theater zu Viktor Barnowsky, um als Wedekinds Partnerin aufzutreten. Unbefangen und selbstbewusst treibt sie bei der Verhandlung mit Erfolg die Gage in die Höhe. Wedekind ist davon tief verstimmt, es wäre seine Aufgabe gewesen, für sie den Vertrag abzuschließen.

Die beiden Freundinnen Tilly und Iduschka sind wieder in einer Stadt vereint. Tilly, die Ältere, freut sich neidlos über den sensationellen Premierenerfolg der Jüngeren. Ida spielt das kindliche Traumwesen Hannele in Gerhart Hauptmanns »Hanneles Himmelfahrt«. Ein Schmerzenskind, das die Erbärmlichkeit seines Lebens nicht mehr erträgt und zu seiner toten Mutter will.

Ein Engelschor geleitet unter Versgeklingel das arme schlesische Kleinhäuslerkind in einer heute unspielbaren Apotheose in die Seligkeit.

Gerhart Hauptmann, der mit seinem schockierend naturalistischen Stück »Die Weber« für Skandal und seinen großen Durchbruch sorgte und danach mit handfest gebauten Dramen wie »Der Biberpelz« großen Erfolg hatte, erstaunt sein Publikum mit übersteigerten Märchentönen.

Der Kritiker Franz Mehring nennt »Hanneles Himmelfahrt« lakonisch »einen Quark« und der Dichter Fontane meint:

»Über diese Engelmacherei könnte ich zwei Tage ulken.« Aber das holde Hannele mit dem goldenen Haar im transparenten Sarg trifft einen Nerv der Zeit: Nach all dem deprimierenden Naturalismus in der Literatur kommt Sehnsucht nach Romantik, Gefühl, Verklärung auf. Und das alles wird von einem unwirklich schönen Mädchen mit knielanger Lockenmähne und riesigen Augen dargeboten. Das Mädchen ist Ida Orloff.

»Sie sah wie ein Märchenkind aus«, schrieb ihre Freundin Tilly über sie, »dabei war sie gescheit, sogar für ihre sechzehn Jahre erstaunlich intellektuell, im Wesen spröde, manchmal messerscharf, unglaublich aufrichtig und immer unterhaltend.« Das war natürlich ein etwas sperriger Inhalt für eine so schöne Form.

Nach der Premiere von »Hannele« ist Ida Orloff ein Star. Der Kritiker Alfred Kerr schwärmt, nicht ganz ohne männliche Herablassung: »Was von ihr bleiben wird, ist dieser Schmetterlingsglanz, dieses einfache Leuchtstrahlende in der flatternden Heiterkeit. Was ihr bleiben wird, ist Anmut. Eines Tages wird sie eine große Intelligenz sein; heute ist sie mehr, nämlich reizend.«

Auf den 43-jährigen Gerhart Hauptmann muss sie wie die perfekte Verkörperung all seiner Träume gewirkt haben. Immer schon haben ihn kindliche, blonde Frauen angezogen. Geheiratet hatte er allerdings die schöne, dunkle, selbstbewusste Mary, die über beträchtliches Vermögen verfügt.

Aber dann begegnete ihm ein Kind, die vierzehnjährige Geigerin Margarete, die seine Fantasie, seine Gedanken in Beschlag legte. Nur einige Jahre nach dieser Begegnung wurde Margarete seine Geliebte. Seine Frau kämpfte um ihre Ehe, aber dann resignierte sie und ging mit ihren drei Kindern nach Amerika. Hauptmann fuhr ihr verzweifelt nach, es kam zur Versöhnung und zur Rückkehr nach Deutschland. Die Affäre mit Margarete ging weiter. Nach zehnjährigem Tauziehen siegte die Geliebte. Die Ehe wurde geschieden.

Gerhart Hauptmann und Margarete, die einen gemeinsamen Sohn, Benvenuto, haben, sind knapp ein Jahr verheiratet, als Hauptmann Ida Orloff bei einer Theaterprobe begegnet.

»Hauptmann muß ihretwegen fast den Verstand verloren haben, aber während sich diese passionierte Affäre zwischen den beiden abspielte, wußte man nicht so genau, was sich abspielte«, schreibt Idas Freundin Tilly in ihren Memoiren.

Man wusste es sehr lange nicht, viele ältere Hauptmann-Biografien nennen den Namen Ida Orloff gar nicht. Erst einer späteren Generation von Wissenschaftlern war es vorbehalten, aus Briefen, Tagebuch-Notizen und Schlüsselstellen aus den Werken Hauptmanns diese seltsame und nachhaltige Beziehung zu dokumentieren.

Zwei Söhne Ida Orloffs aus zwei Ehen waren daran beteiligt: der Autor Heinrich Satter und der in den USA lehrende Germanist Wolfgang Leppmann.

Hauptmann selbst hat in einem Werk, dessen letzter Teil sich mit seiner obsessiven Liebe zu Ida Orloff befasst, »Roman der Leidenschaft«, ein Psychogramm seiner Besessenheit geliefert. Dieser letzte Teil durfte erst nach dem Tod aller Beteiligten erscheinen.

Ida hat aber noch in einem Dutzend anderer Werke eine seltsame Spur hinterlassen.

Bei ihrer ersten Begegnung mit Ida bleibt Hauptmann äußerlich kühl und distanziert. Als Erstes fasziniert ihn ihr »goldener Haarschwall«. Seit seiner Jugend träumt er von blonden Frauen. Als Kunstschüler – Hauptmann begann seine Karriere als Bildhauer – gründete er mit Kollegen einen Geheimbund, dessen Ziel es war, blonde, blauäugige Frauen zu heiraten. Er ist und wird kein Rassist, aber er redet gerne von »Deutschtum« und von »Artengleichheit«. Auch das »Hannele« – Ida Orloffs erste Rolle – hat langes rotblondes Haar. Und dem Rautendelein aus der »Versunkenen Glocke« hängen die Haare wie ein »Strom von Gold und Licht« über das Gesicht.

Ehe sie nur eine Ahnung von Hauptmanns Interesse hat, sorgt die goldhaarige Ida Orloff, die eine so perfekte Verkörperung seiner Figuren wird, für gewaltige Irritationen im endlich geordneten Seelenhaushalt des nach außen steif-würdevollen Dichters.

Er ist ein typischer Mann seiner Zeit: patriarchalisch, von seiner Bedeutung durchdrungen, dabei unflexibel und angstvoll, wenn seine Ordnung durcheinander gerät. Und dafür sorgt die Mädchenfrau Ida mit ihrem sanften Gesicht und dem frechen Mundwerk.

1905, nach Idas zweiter erfolgreicher Premiere als Hedwig in Ibsens »Wildente«, nähert sich Hauptmann vorsichtig der Frau, die er in seinen Fantasien längst besitzt und die er durch einen ersten literarischen Mord loswerden will.

Das Stück, zu dem sie ihn inspiriert hat, ist fertig: »Und Pippa tanzt«. Es ist die Geschichte eines fragilen Zauberwesens aus dem Süden, das es unter grobschlächtige schlesische Glasbläser verschlägt, wo es zugrunde geht.

Hauptmann, ein guter Interpret seiner eigenen Werke, liest das Stück in der Direktion des Lessingtheaters vor. Das macht der Hausautor dieses Theaters immer so. Ida Orloff und andere Schauspieler, die für Hauptrollen vorgesehen sind, sitzen im Auditorium. Idas Kollegen, die Hauptmann besser kennen als sie, merken, dass der Dichter merkwürdig unsicher wird, wenn er die Rolle der Pippa – Idas Rolle – liest.

Dann beginnen die Proben und wie immer redet Hauptmann viel in die Regie hinein und hat seltsame, undurchführbare Einfälle. Pippa soll ein Kleid aus Glas tragen. Es wird so schwer, dass Ida darunter fast zusammenbricht. Aber sie nimmt alle Strapazen auf sich, ist selig über die Chance, einer Figur des großen Dichters Leben einzuhauchen. Hauptmann bleibt passiv, er kritisiert sie weniger als andere.

Dann kommt die Premiere, der alle entgegenfiebern. Es zeichnet sich rasch ab, dass das Stück wenig Anklang findet und dass Ida einen Sensationserfolg hat.

Die Kritiker überschlagen sich in Superlativen – und läppischen Verkleinerungsformen, wenn sie Idas Leistung schildern: »Zugreifende Flämmchennatur ... blondes Elfchen mit einem wirklichen Tanzseelchen ...«

Hauptmann schenkt Ida ein Exemplar des Pippa-Buchs. Im Begleitbrief schreibt er: »Ihre schöne Jugend hat es mir geschenkt. Es war eine reiche Zeit, Sie zu sehen, als leuchtende Verwirklichung eines eigenen Gedankens ...« Und in das Buch schreibt er:

»Du weißt, wer ich bin,

du weißt, wer du bist,

im Märchen, das nicht mehr zu tilgen ist.«

Gleichzeitig schreibt er in seinem Tagebuch: »Ich hasse sie, ich mag sie nicht. Ich werde verdummt durch ihre Gegenwart – aber ihre Abwesenheit vernichtet mich.« Seine seelische Zerrissenheit dokumentiert sich auch in der doppelten literarischen Buchhaltung: schwärmerische Briefe an Ida und ihre wütende Verdammung in privaten Aufzeichnungen.

Nach der Premiere von »Pippa« treffen die beiden einander auch außerhalb des Theaters, gehen in der Winterkälte des Januar spazieren ohne einzukehren. Ida begreift, dass er sich mit ihr nicht zeigen will. Die Geschichte seiner beiden Ehen kennt sie wie jeder am Theater. Langsam taut Hauptmann auf, ihre Gespräche drehen sich nicht nur um sein Stück. Er spricht davon, dass er in ihr eine engelhafte Gestalt sieht – und sie lacht ihn aus. In diese Schachtel mit Etikette lässt sie sich nicht stopfen, die ist ihr zu eng.

Vielleicht ist es ihre Gegenwehr, dass die Geschichten vom Theater, von ihrer Familie, die er sich so gerne erzählen lässt, zunehmend riskanter werden.

Ida ist sechzehn. Sie wird mit Einladungen, Rollenangeboten, Liebeserklärungen überschüttet, ihre Lebensenergie vibriert.

Sie lacht, tanzt, flirtet, fabuliert. Die anderen nehmen das nicht ernst. Hauptmann schon.

Sie erzählt ihm von Offizieren, Regimentskameraden ihres Vaters, die ihr als Dreizehnjähriger verfallen waren, und als sie merkt, wie das auf ihn wirkt, erzählt sie hemmungslos weiter.

Die Schauspielerin Orloff mag es genossen haben, dass sie einem Dichter eine Wirklichkeit vorspielen konnte, die so nicht existiert hat. Und es macht ihr Vergnügen, wie sich der Widerhaken ihrer Geschichten in seine Seele bohrt.

Bitterernst schreibt er über das kapriziöse, lebenshungrige Mädchen, es sei »ein von Gott mit Gewalt über Leben und Tod ausgestatteter Engel … dessen bloßes Wort, dessen bloßer Wink mich widerstandslos knechtet«.

Sie gehen durch das winterliche Berlin, der dreiundvierzigjährige schwerfällige Dichter mit der abgehackten Sprechweise und die ausgelassene Sechzehnjährige, die schwere Taschen mit Bühnenkostümen schleppt, ohne dass er auf die Idee kommt, sie dem grazilen Engelswesen abzunehmen.

Wie betäubt trottet er neben ihr her, hört die Geschichten ihrer Sehnsüchte, ihrer Fantasien, ihrer tatsächlichen Erlebnisse und ist unfähig, sie richtig einzuordnen. Und dann geht er wieder nach Hause zu Frau und Kind und entrüstet sich in seinem Tagebuch über Idas Verderbtheit, nennt sie einen »weiblichen Nichtsnutz«, der ihn »so weit entehrt, entwürdigt, erniedrigt, dass nur Strick und Kugel übrig bleiben.«

Und gleich darauf ist das brennende Verlangen nach ihr wieder da und treibt ihn am nächsten Tag in ihre Nähe.

In Berlin, wo die beiden Freundinnen Tilly und Ida ihre Theatertriumphe genießen, kommt es auch zur Wiederbegegnung ihrer Männer.

Wedekind und Hauptmann kennen einander seit langem und mögen einander nicht.

Frank Wedekind, der in der Schweiz auf der Lenzburg seines Vaters lebte, lernte als Zwanzigjähriger die beiden Brüder

Carl und Gerhart Hauptmann kennen und freundete sich mit ihnen an. Nach einer schweren Auseinandersetzung mit seinem Vater, bei der er tätlich wurde und aus dem Haus flog, vertraute er sich Gerhart Hauptmann verzweifelt an. Und fand seine Geschichte fast wörtlich in Hauptmanns Stück »Das Friedensfest« wieder.

Die beiden Männer können nicht gegensätzlicher sein. Wedekind, ein in großbürgerlichen Verhältnissen aufgewachsener Bürgerschreck. Hauptmann ein Aufsteiger aus kleinbürgerlichen Verhältnissen, der sich mit Hilfe seiner ersten Frau und seiner erfolgreichen Stücke über ausgebeutete Menschen ein höchst bequemes Leben geschaffen hat.

Wedekind ist nur zwei Jahre jünger als Hauptmann, aber er braucht fünfzehn Jahre, um seine zukunftsweisenden Stücke durchzusetzen. Hauptmann hat relativ früh Erfolg und bekommt später Schwierigkeiten, sich auf eine veränderte Zeit einzustellen. Wedekind ist der modernere, er hat Antennen für die hektische Endzeitatmosphäre des frühen 20. Jahrhunderts. Und als er sich endlich durchsetzt, überrundet er Hauptmann in kurzer Zeit als meistgespielter Autor der Epoche.

Hauptmann spürt, dass die Zeit des Naturalismus, in der er wegweisende Stücke wie »Die Weber« schrieb, vorbei ist. Er weicht nun in mystische, historisierende Stücke wie »Hanneles Himmelfahrt« aus, die nicht mehr die Kraft seiner früheren Dramen haben.

Nun in Berlin, 1906, treffen die beiden Männer einander wieder und gleich fliegen auch wieder die Funken. Hauptmann ist wütend, dass Wedekind Ida am Theater besucht – und duzt.

»Es riß mich«, schreibt er. »Wie kann so ein widerlicher Ton ausgelöst werden vor dem äußeren Adel einer solchen Erscheinung: der alte Hurer mit dem gemachten Genieton und das Kind mit dem natürlichen. Aber sie flog hin, wenn er rief, und er wartete wie ein Hund vor ihrer Türe.«

Natürlich gefällt Ida Wedekind, aber es gefällt ihm sicher

auch, wie sein um Haltung bedachter alter Widersacher vor Eifersucht in Saft gerät. Zur Eifersucht hat Hauptmann genug Ursache.

Ida wird nicht nur von Theaterleuten umschwärmt, es gibt auch noch einen Freund aus der Schauspielschule, Karl Satter, einen gut aussehenden jungen Mann aus erstklassiger Familie, klug individualistisch, schwer zu durchschauen.

In Berlin heißt es, Ida wäre mit ihm verlobt. Eine zusätzliche Marter für Gerhart Hauptmann. In seinem Haus in Agnetendorf wartet die eben erst erkämpfte Frau mit dem gemeinsamen Kind. Er versucht eine Aussprache mit Margarete, ehe noch Ida genau um seinen Zustand weiß.

Margarete ist eine kluge Frau, die ihre Position nicht gefährden will, und zeigt mütterliches Verständnis. Hauptmann ist erleichtert und versucht das Objekt seiner Begierde loszuwerden, indem er die Figuren, zu denen ihn Ida inspirierte, auf immer grausamere Weise tötet.

»Es befreit mich, diese schreckliche Zerstörerin meines Lebens wenigstens im Bilde aus der Welt geschafft zu haben«, schreibt er. Es nützt nichts. Ida bleibt lebendig, verlockend. Seine literarischen Exorzismen sollen fast bis ans Ende seines Lebens dauern …

In der Zwischenzeit hat sich die Anziehung zwischen Tilly und Frank Wedekind so sehr intensiviert, dass sie heiraten.

Der Anlass dafür passt exzellent zu den künftigen Turbulenzen dieser Beziehung. Wedekind trägt bei einer offiziellen Veranstaltung zugunsten der Errichtung eines Heinedenkmals in Berlin ein Gedicht vor, das Tillys Schönheit, ihren »Venusgliedern« huldigt. Sie nimmt das geschmeichelt, aber kommentarlos zur Kenntnis, worauf in Wedekinds Wohnung ein Streit entbrennt, bei dem Tilly ein Federbett zerbeißt, Wedekind Bilder von den Wänden reißt und mit einer umgeworfenen Petroleumlampe einen Zimmerbrand entfacht.

Tilly rennt im Hemd hinaus in die Winterkälte und wirft sich in die Spree. Schiffer ziehen sie heraus, Wedekind kommt verzweifelt nach und wickelt sie in seinen Mantel. Die Schiffer und die empörte Zimmervermieterin bekommen je 20 Goldmark Schweigegeld. Dann wirft er sich vor das Bett, in dem Tilly zähneklappernd liegt, und bekommt einen Weinkrampf. Das Schweigegeld nützt nichts, ganz Berlin redet von der wilden Geschichte, die Gertrud Eysoldt, Wedekinds erste »Lulu«, lakonisch kommentiert: »Das ist kein Beweis für Liebe, das ist eine Affekthandlung.«

Und die Sandrock donnert: »Wenn es wenigstens die Donau gewesen wäre oder die Isar. Aber die Spree?! Du mußt sie heiraten.«

Und das tut er dann auch. Tilly hätte gewarnt sein müssen. Der Musiker Richard Weinhöppel, der engste musikalische Mitarbeiter Wedekinds, sagt ihr: »Geben Sie acht, jetzt wird er anfangen, Ihnen alles abzugewöhnen, was ihm bis jetzt an Ihnen gefallen hat.«

Zur Hochzeit lädt Wedekind seinen heftigsten Widersacher, den Zensor Glasenapp, ein. Auch Adele Sandrock und Ida Orloff feiern vergnügt mit.

Tilly denkt sich ihren Teil über Ida, mit der sie sich so verbunden fühlt: »Über die siebzehnjährige Iduschka, Liebling und Hauptdarstellerin Gerhart Hauptmanns, wurde manches gemunkelt, vor allem, da es ihr offenbar einen Heidenspaß machte, die Bürger zu erschrecken, zu denen ja übrigens auch Hauptmann selbst gehörte, der sich für den Rest seines Lebens von dem Schreck, den sie ihm durch ihr bloßes Dasein versetzte, nie mehr ganz erholt hat«, wird sie später in ihren Memoiren schreiben.

Die beiden Wedekinds gehen stilvoll auf Hochzeitsreise, zum Gastspiel in die freie – auch zensurfreie – Reichsstadt Nürnberg. Mit dem Stück »Tod und Teufel«, das in einem Bordell spielt.

Tilly ist schwanger, aber man sieht es ihr noch nicht an. Sie soll mit dem attraktiven Harry Walden in Wildes »Der ideale Gatte« spielen. Wedekind erträgt das nicht, will wegfahren, um nicht sehen zu müssen, dass seine Tilly in den Armen eines anderen liegt. Tilly ist verzweifelt. »Ich könnte ja absagen ...« Wedekind strahlt, fährt nicht fort, der Weg dieser Ehe ist vorgezeichnet.

Anders als die kapriziöse Ida ordnet Tilly sich völlig unter. Wedekind schließt und löst ihre Verträge, sie darf in keinen anderen Stücken als in seinen auftreten. Sie erweist sich als außergewöhnlich belastbare, geduldige Ehefrau in einer widerspruchsvollen, turbulenten Beziehung. 1906 kommt ihre erste Tochter Pamela auf die Welt. Wedekind liebt das Kind, spielt und singt mit ihm, aber es soll seine Ruhe nicht stören. Er hat sein Leben nicht verändert, trinkt bis spät in die Nacht mit seinen Freunden und schläft bis Mittag. »Jetzt habe ich Mann und Kind und beide schlafen den ganzen Tag«, schreibt Tilly. Aber nun kommt endlich der erwartete Erfolg. Die Tantiemen seiner Stücke fließen nun reichlich. Sowohl Tilly als auch er sind gefragte Schauspieler mit guten Gagen.

Die Wedekinds richten sich in München eine großzügige Wohnung ein, mit einem knallroten Arbeitszimmer voll Zirkusutensilien. Zirkus fasziniert Wedekind, Zirkusfiguren finden sich in vielen seiner Stücke. Tilly trägt auf seinen Wunsch die roten Stiefel einer Zirkusreiterin, die für Aufsehen sorgen und ihm wieder Grund geben, eifersüchtig zu sein.

Wedekind ist eine seltsame Mischung aus Chaos und penibler Ordnung. Er lebt in den Tag hinein, verschwenderisch und ohne Vorsorge für die Zukunft – als er stirbt, hat Tilly keine Ahnung über seine Vermögensverhältnisse. Aber er führt Wirtschaftsbücher, erstellt für Tilly den Küchenzettel, macht Statistiken, sammelt Ausschnitte, archiviert seine Entwürfe für Requisiten und Kostüme.

Die Wege Tillys und Idas überschneiden einander immer wieder. Sie sind gemeinsam bei einem Fest bei Walter Rathenau, dem später ermordeten Außenminister der Weimarer Republik, wo auch das Ehepaar Hauptmann auftaucht. Margarete übersieht Ida, aber sie lässt ihren Zorn an deren Freundin Tilly aus. Ohne Übergang reagiert sie auf deren kurzes Kleid: »So geht man doch nicht in Gesellschaft!«

Diese Blitzableiter-Aktion mag auch damit begründet sein, dass Margarete weiß, wie Wedekind Hauptmann einschätzt, ihm »spielerische Mattigkeit und Mangel an Humor« vorwirft. Für Wedekind ist Arthur Schnitzler der wahre deutsche Klassiker. Fast eine Kriegserklärung an den eitlen Hauptmann, der sich auch optisch immer mehr als Goethe-Nachfolger stilisiert.

Inzwischen ist Hauptmann ständiger Gast in der kleinen Wohnung von Idas Mutter. Sie bekocht den esslustigen Dichter mit russischen und österreichischen Spezialitäten, die erlesenen Weine bringt er selbst mit. Nach dem Essen zieht sich die Mutter taktvoll zurück und lässt ihn mit Ida allein.

»Idinka« nennt er sie inzwischen. Um sie täglich sehen zu können, hat er sich eine Wohnung in Berlin genommen.

In den Stolz Idas, den prominenten Dichter bezaubert zu haben, mischt sich langsam Irritation. Die interessanten Gespräche, die sie erhoffte, bleiben aus. Worauf er immer wieder zurückkommt, sind ihre Männergeschichten. Er kann nicht genug davon bekommen und nicht aufhören, sich darüber zu entrüsten. Sie sei verdorben, unrein, sie muss gerettet werden, ein neues Leben beginnen, in absoluter Treue zu ihm.

Man kann sich ausrechnen, dass eine so intelligente, unkonventionelle Frau wie Ida Orloff ihm die Frage stellt, mit welchem Recht sich ein verheirateter Mann als Moralapostel aufspielt. Seine Reaktion darauf ist: Flucht aus der Realität.

Sie könnten doch nach Südafrika gehen, eine Farm kaufen, ein neues Leben beginnen …

Wahrscheinlich hat sie gelacht. Wie er sich das denn vorstelle – der Dichter als Bauer. Und Ida als Bäuerin? Und was würde

28

aus seiner Ehe? Könnte er sich nach so kurzer Zeit eine zweite Scheidung vorstellen? Soviel Direktheit hält Hauptmann nicht aus. Er hat nur eine Erklärung: Ida muss den Verstand verloren haben.

Von Margarete ist Hauptmann völlige Unterordnung gewöhnt. Damit hat sie ihn auch erobert. Aber noch ist Idas Anziehungskraft zu groß. Sie bleibt für ihn der teuflische Engel, zu dem er sie zurechtmodelt. Zu allen Schwierigkeiten, die ihn belasten, kommt auch noch ein Besuch von Idas Bruder Rudolf in Berlin.

Der attraktive Draufgänger und Frauenheld, k. u. k. Offizier, hat mit seinen Freunden eine Wette abgeschlossen, die er auch gewinnt. Er kommt in Galauniform, ein Privileg, das ausschließlich Mitglieder des Hauses Habsburg haben. Sein souveränes Auftreten zeigt Wirkung – er wird mit allen militärischen Ehren empfangen. Der Zauber der Uniform hat – wie beim Hauptmann von Köpenick – wieder einmal gewirkt.

Gemeinsam mit Ida lacht er über diesen Coup. Aber dann wird er ernst. Dass sie Schauspielerin ist, findet er schrecklich und für seine Position als Offizier denkbar abträglich. Er kennt die Einstellung seiner Kameraden zu Schauspielerinnen als käuflichen Zeitvertreib.

Als er dann auch noch ihr Verhältnis zu Hauptmann entdeckt, empört er sich. Er droht mit einer Duellforderung. Ida schwört, dass sie dann bei seinen Vorgesetzten eine Szene aufführen würde, wie sie das elegante Regiment noch nicht erlebt hat.

Hauptmann, der davon erfährt, ist verstört. Im Grunde genommen vertritt Idas Bruder die gleichen Moraltheorien wie er. Und wahrscheinlich durchbricht er sie in der Praxis genauso wie er. Und dafür ein Duell? Die Affäre mit Ida wird immer komplizierter. Und er selbst flüchtet in eine Schizophrenie, die eine Lösung ausweglos macht.

In seinen Aufzeichnungen reißt er alles, was mit ihr zu tun

hat, in den Schmutz – das Mädchen und ihre Umgebung. »Ich weiß, daß sie eine Hure ist. Aber was eine Hure ist, darüber braucht mich niemand mehr aufklären … Vergötternde Glorifizierung kann gegen unsaubere Bettwäsche, gegen Gerüche vom Nachttisch und Ausguß … nicht aufkommen. Löcher in den Strümpfen, schmuddelige Waschtische mit borstenlosen Zahnbürsten fördern ihn nicht …«

Das ist die eine Seite seiner Gefühle. Wenn er Ida schreibt, schwelgt er in Liebespathos und Herzensergüssen. »Ich drücke Deine Hand sehr fest, bis sie schmerzt, wie meine Seele.« Aus diesem Dilemma gibt es für ihn nur einen Fluchtweg: Krankheit.

Hauptmann, der in seiner Jugend an einer längst ausgeheilten Lungenkrankheit litt, ist ein gewaltiger Hypochonder, der wehleidig dem kleinsten Unbehagen nachgibt.

Er schont und päppelt sich und Ida unterhält sich darüber, dass er immer Obers trinkt, um sich bei Kräften zu halten. Auch der Held seines »Buches der Leidenschaft« reagiert auf geradezu groteske Weise auf die Ankündigung, dass ihn seine erste, betrogene Frau mit den Kindern verlässt, um nach Amerika zu fahren. »Ich konnte tobsüchtig, ich konnte durch einen Schlagfluß verblödet werden. Ich stürzte also ans Waschbecken und goß mir Wasser und immer wieder Wasser über den Kopf. Ich hatte dann das Gefühl, ich müßte etwas schnell Wirkendes, Stärkendes zu mir nehmen.

Ich fand die Klingel, ich ließ mir drei rohe Eier aufs Zimmer bringen und goß sie aller Eile hinab.«

Nach einer heftigen Auseinandersetzung mit Ida helfen auch rohe Eier nicht mehr. Er verfällt in ein hitziges Fieber, das ihn »um Jahre altern läßt«. Und flüchtet nach Hause.

Frau Margarete zückt das Fieberthermometer und vergönnt sich einen Moment der Wahrheit. In »mörderischer Inquisition« will sie wissen, wo er gewesen sei. »Und ich log und log und log«, bekennt Hauptmann.

Welches Glück, dass der Arzt eine Liegekur von mehreren Monaten anordnet. Die Leidenschaft zu Ida hat Pause, Hauptmann kann sich jetzt nur mit sich selbst beschäftigen. Aber Briefe werden ausgetauscht.

Ida ist betroffen, zeigt liebevolle Anteilnahme, aber ihre Direktheit gibt sie nicht auf, die muss er schon aushalten. Sie fordert tägliche Bulletins seines Befindens und wütet, dass er sich verweichliche. »Du mußt dir einen ordentlichen Ruck geben, das ist alles, spielst Dich ja jetzt auf Jammergestalt heraus und alles springt und rennt um Dich und Du wirst launisch und faul.«

Sie wünscht sich, ihr »junges, junges Blut« auf ihn zu übertragen und ihn damit zu stärken. Und bedient damit unbewusst die Fantasien alternder Männer, am jungen, jungen Blut eines Mädchens zu genesen. »Wahr sein, immer!«, schließt sie ihren Brief.

Hauptmann antwortet seinem »kleinen, wilden Sturmwind« teils geschmeichelt, teils verschreckt. So hat noch keine Frau mit ihm geredet.

Ida muss ihm eine Locke schicken, die trägt er auf seiner Brust. Und wenn Margarete sein Bett richtet, versteckt er sie. Darin hat er Übung. Vor seiner ersten Frau Mary, die sein Krankenbett aufschüttelte, versteckte er einst ein Seidentuch Margaretes. Die Briefe an Ida beantwortet er mit ausdrücklicher Erlaubnis seiner Frau.

Margarete Hauptmann hat die Lektion ihres Lebens gut gelernt. Sie macht aus der Rivalin keine Märtyrerin, sie lässt Hauptmann an der langen Leine agieren, aber die lässt sie nicht aus der Hand. Idas Briefe, die so offen und ungeschützt sind, als hätte sie ein Mädchen unserer Tage geschrieben, werden immer drängender. Sie will den Mann zurück, auf den sie eine so starke Wirkung ausübt. Und den Dichter, der ihr eine weitere Glanzrolle versprochen hat.

Und so egal ihr bürgerliche Konventionen sind – sie will heiraten. Denn nur als Ehefrau kann ihr die Mutter nichts mehr vorschreiben, sie kann wohnen, wo sie will, und leben, wie sie will. »… kurzum ich will heiraten, es geht nicht mehr so weiter …«

Wenn es nicht Hauptmann ist, dann vielleicht jener polnische Bildhauer, der sie als »Salome« verewigt.

Hauptmann wird immer unruhiger, aber er schreibt väterlich-salbungsvolle Briefe, mit denen Ida nichts anzufangen weiß. In Hauptmanns Fantasien geht es drunter und drüber. Er umkreist den Gedanken einer Ehe zu dritt, mit Margarete und Ida.

Aber er schüttelt sich, als Wedekind – tatsächlich oder in Hauptmanns Vorstellungen – Ida und ihn in einen Geschlechtsakt mit Tilly einbeziehen will. Das hält er in einer Tagebucheintragung vom 11. Februar 1906 fest.

Am gleichen Tag gratuliert er Ida zum Geburtstag. »Meine ganze, herzliche Besorgnis ist um ein blondes Haupt!«

Es kommt noch zu einem Liebestreffen der beiden ungleichen Partner im Juni 1906 auf der Insel Rügen. Und Hauptmann verfällt wieder dem Zauber der »kleinen deutschen Venus«. Und erkennt gleichzeitig, wie verschiedenartig ihr Lebensrhythmus ist. Wo die sportlich durchtrainierte, tänzerisch geschulte Ida rennt, schreitet er gravitätisch dahin. Keine Spur davon, dass er, wie sie es sich wünscht, um die Wette mit ihr läuft, um sich einen Kuss zu holen.

Hauptmann sind luxuriöses Essen und gute Weine sehr wichtig. Ida isst ganz wenig und am liebsten allein. Die Unterordnung, die Hauptmann so selbstverständlich fordert, bringt sie zum Lachen. Sie taktiert nicht, wie Hauptmanns andere Frauen, sie fordert ungeniert, was sie haben will. Und das ist: eine Entscheidung. Seine gewundenen Ausreden akzeptiert sie nicht.

Für einen kurzen Augenblick mag Hauptmann die Erkenntnis gestreift haben, dass Ida weder Hure noch Heilige ist.

32

Ida Orloff

Aber in ihr eine Frau zu sehen, die einfach anders ist als jede andere, die er bisher kannte, übersteigt seine Bereitschaft, privat von den schlichten Frauenklischees seiner Zeit abzuweichen.
Welcher Zufall – oder war es gute Regie –, dass ein Telegramm diesem Dilemma ein Ende macht. Margarete telegrafiert, dass ihr sechsjähriger Sohn Benvenuto erkrankt sei. Hauptmann überlässt Ida die Entscheidung, ob er fahren solle.

Welche Frage!

In seinem »Buch der Leidenschaft« geht die Geschichte, die sich sonst so eng an Hauptmanns Biografie anlehnt, anders aus als in Wirklichkeit. Der Held verzichtet mannhaft auf ein Treffen mit seiner verführerischen Geliebten und lässt das Schiff davonfahren, das ihn zu ihr bringen soll. Wie es weitergeht? »Baden! Schwimmen! Tauchen! Sich abspülen! Dann wird ins Kurhaus zu Tisch gegangen, zu Beginn des Frühstücks werden zwei Dutzend Austern und eine Flasche Chablis gekauft!« So einfach ist Konfliktbewältigung.

Das Stück für Ida, über das er so geheimnisvolle Andeutungen machte, rückt in weite Ferne. Statt dessen hat Hauptmann eine harmlose Komödie geschrieben, »Die Jungfern von Bischofsberg«, für die er ein Jugenderlebnis verwertet hat. Seine erste Frau Mary wuchs mit ihren Schwestern in sehr unbeschwerten Verhältnissen auf einem Landgut auf. Dort begegnete Gerhart Hauptmann und zwei seiner Brüder den Mädchen, die drei machten ihnen den Hof, nahmen Anteil am Familienleben und heirateten sie schließlich. Ida spielt das Mädchen Ludowike, genannt Lux, die jüngste und übermütigste der vier Schwestern. Bei der Premiere wird das Stück ausgepfiffen, von Gerhart Hauptmann erwartet das Publikum Stücke anderen Kalibers. Aber Ida hat wieder wunderbare Kritiken. Alfred Kerr lobt ihre »Metallanmut«. Der Schauspieler und Regisseur Rudolf Frank, der sich später heftig in sie verliebt, setzt ihre glanzvolle Persönlichkeit in Beziehung zu dem gleichnamigen indischen Diamanten, der von der Spitze des russischen Zepters leuchtet.

Ida bekommt nun auch heitere Rollen angeboten. Sie soll eine freche Berliner Göre spielen und studiert in ihrer Umgebung die Haltung und Sprache der Berliner Kinder. Sie beherrscht dann den Berliner Dialekt ohne jeden Stilbruch. Privat und auf der Bühne spricht sie schönstes Hochdeutsch.

Aus Wien kommt nun wieder Karl Satter zu Besuch nach Berlin. Er studiert Jura, ist aber nach wie vor am Theater interessiert. Mit ihm führt Ida jetzt die Gespräche, die sie von Gerhart Hauptmann erhoffte und die er ihr in seiner Fixierung auf ihr Vorleben verweigerte.

Karl Satter ist ein attraktiver, brillanter Mann. Zeitgenossen sagen ihm eine gewisse Ähnlichkeit mit dem jungen Gerhart Hauptmann nach. Das würde erklären, dass auch sein Sohn, Heinrich Satter, Hauptmann ähnlich sieht. Hermann Schreiber, der ein Vorwort zu dem Buch »Ida Orloff und Gerhart Hauptmann« von Heinrich Satter schrieb, hat allerdings einen Verdacht. Er konstatiert eine »ans Herz greifende Identität« zwischen Idas erstem Sohn und Hauptmann und stellt Vermutungen um die wahre Vaterschaft an.

Karl Satter ist allerdings eine völlig andere Erscheinung als Hauptmann: gewandt, eloquent, in seinem melancholischen Charme einem Anatol ähnlich.

Hauptmann ist schwerfällig, er laboriert an starken Sprachhemmungen. Thomas Mann hat sie in der – durch Hauptmann inspirierten – Figur des Mijnheer Pieter Peeperkorn im »Zauberberg« parodiert.

Ida fasst den spontanen Entschluss, Karl Satter zu heiraten und so ihren vielen Problemen zu entkommen. Da Satter ihr keinen Heiratsantrag macht, tut sie es selbst. Die beiden vereinbaren eine Bindung auf Zeit, keiner dürfe den anderen gegen dessen Willen halten.

Die Hochzeitsreise führt in eine literarisch-dämonische Gegend: in die Nähe des Blocksbergs. Ida langweilt sich dort so sehr, dass sie ihrem Kollegen und Verehrer Rudolf Frank schreibt, er möge sie doch besuchen.

Frank kommt und Satter zermürbt ihn mit einem Schwall von Goethezitaten, fast alle aus der Walpurgisnacht.

Lachend erzählen ihm die jungen Eheleute, dass man sie aus einem Hotel geworfen hätte – der Trauschein war zu Hause geblieben und niemand traute ihnen seriöse Absichten zu.

Vor der Hochzeit hatten sich Ida und Hauptmann getroffen. Offen und direkt, wie es ihre Art ist, sagte sie ihm, sie hätte sich von ihm im Stich gelassen gefühlt und würde sich jetzt für den Jugendfreund entscheiden.

Verklemmt und leidend stammelte Hauptmann ein paar Glückwünsche, schickte einen nichtssagenden Brief hinterher, dem Ida ein sehr ehrliches und liebevolles Freundschaftsangebot folgen ließ.

Hauptmann antwortete mit dem so lange angekündigten Stück mit der Hauptrolle für Ida: »Kaiser Karls Geisel«.

Ein schreckliches Stück, nicht nur aus heutiger Sicht.

Eine verblasene, moralinsaure Geschichte um ein wildes, laszives Mädchen, das der alte Kaiser in seiner großen Güte an sich zieht. Sie dankt es ihm damit, dass sie sich – was langatmig berichtet wird – in einer exzessiven Nacht den Knechten und Fischern hingibt. Da gibt es nur eine Lösung: Der treue Kanzler vergiftet sie. Kaiser Karl bricht vor gekränkter Würde fast zusammen, nur »Waffenlärm« und »Männerkampf« können ihn noch retten.

Das Mädchen Gersuind hat große Ähnlichkeit mit Ida, es ist ebenso freiheitsliebend, ungebärdig, anziehend und durch männliche Überheblichkeit nicht zu brechen. Sogar Idas Aversion, in Gesellschaft zu essen, hat Hauptmann übernommen.

»Ihr eßt? Wenn Leute essen, ekelt's mich.«

Wieder findet in einem Stück Hauptmanns eine freie, eigenwillige junge Frau ihre Bestrafung durch den Mann.

Ida Orloff ist die Frau, die sein Werk am nachhaltigsten beeinflusst, aber auch einengt. Zu einer souveränen, allen Facetten ihres Wesens erfassenden Sicht Idas gelangt er nie. Er findet auch keine Variationen seines hassgeliebten Frauentyps. Er umkreist ihn hilflos, seine Darstellung wird immer wirklichkeitsferner, schemenhafter, in seinen späten Romanen »Wanda« und »Siri« ist Hauptmann nicht sehr weit von Kolportage entfernt.

»Kaiser Karls Geisel« ist ein weiterer Misserfolg Hauptmanns und ein schauspielerischer Sieg Idas.

Hauptmann bittet sie nach der Premiere um ein Treffen. Seinen Misserfolg hat er nicht zur Kenntnis genommen. Er will, dass Ida erkennt, wie sehr er ihr huldigt. Und dass er von seiner unstillbaren, masochistischen Leidenschaft für sie nicht loskommt.

Er fleht sie an, wieder zu ihm zurückzukehren: als Geliebte, »als Anregerin und Auslöserin gelegentlicher Rasereien« – so kommentiert es Idas Sohn Heinrich Satter.

Hauptmann beschwört Ida, ihn nicht zu verlassen. Es werde die Zeit kommen, da seine letzten Stücke, die er ihr zu verdanken hat, richtig eingeschätzt würden. Und damit auch sie: die Muse, deren Widerhaken er so lustvoll in seinem Fleisch verspürt. Mit seiner Ehe habe ihre Beziehung nichts zu tun, die sei eine reine Verstandessache. Unauflöslich durch die schuldhaften Verhältnisse, aber ohne Bedeutung für ihn.

Ida hört sich diesen Ausbruch an, kitzelt durch gezielte Fragen noch ein paar überhitzte Bekenntnisse heraus. Und dann überschüttet sie ihn mit Ironie. Wie er sich denn ihre Position bei Hauptmanns vorstelle: die heilige Hure, mit dem Auftrag, den Dichter zur Kreativität zu peitschen – und das alles mit Erlaubnis der legalen Frau?

Das ist das Ende ihrer Beziehung – obwohl sie einander noch einige Male begegnen werden.

Auch Idas Ehe, aus Wut über ihre Enttäuschung und um der dominanten Mutter zu entkommen geschlossen, geht auseinander.

Karl Satter ist zwar äußert klug und unkonventionell, aber Idas Ungeniertheit ist ihm zu viel.

Tilly Wedekind hat sich als Akt malen lassen und Frank Wedekind ist stolz darauf.

Als sich Ida nackt fotografieren lässt, reißen Karl Satters Nerven. Aber kaum sind die beiden geschieden, kehrt wieder

Frieden und Harmonie ein. Acht Monate später kommt ihr erster Sohn, Heinrich, zur Welt. Die Eltern leben noch zehn Jahre gemeinsam, mit dem Scheidungsdokument in der Schublade. Die privaten Turbulenzen legen sich. Ida bekommt einen hervorragenden Vertrag, sie kann sich eine schöne, große Wohnung leisten, die sie mit den ausgefallensten Haustieren belebt: Hunden, Kolibris, einem Affen, einer Schildkröte und einem Alligator.

Berlin ist zu Beginn des 20. Jahrhunderts *die* Theaterstadt des deutschsprachigen Raumes, avantgardistisch, frech, revolutionär. Ein junger Schauspieler aus Wien, den Otto Brahm ans Deutsche Theater engagiert hat, entthront bald seinen mächtigen Förderer, schart die interessantesten jungen Kräfte um sich: Max Reinhardt.

Zu den Dichtern, denen er in faszinierenden Inszenierungen zum Durchbruch verhilft, gehört auch Frank Wedekind.

Wedekind hat mit einem Stück, das er bereits 1891 beendete, bei Reinhardt 1906 den größten Erfolg seiner Laufbahn. Das Stück »Frühlings Erwachen«, in dem zum erstenmal in der deutschen Literatur die sexuellen Probleme junger Menschen ganz direkt behandelt werden, spricht die Nöte einer Generation an, die sich nicht mehr mundtot machen lässt. Reinhardt hatte das mit seinem untrüglichen Instinkt erfasst und dafür einen grotesken Kampf mit der Zensurbehörde auf sich genommen. Szenen mussten gekürzt, verändert, gestrichen werden, lächerliche Namen von Lehrern mussten durch respektablere ersetzt werden.

Trotz allem packt die Tragödie der Doppelmoral, an der halbe Kinder zugrunde gehen, das Publikum wie kaum ein anderes Stück dieser Zeit.

»Frühlings Erwachen« bleibt in der Reinhardt-Inszenierung 20 Jahre am Spielplan und erreicht 615 Vorstellungen allein in Berlin – Gastspiele nicht eingerechnet.

Die blutjungen Schauspieler der Premiere, darunter Alexander Moissi und Camilla Eibenschütz, werden über Nacht zu Stars. Frank Wedekind selbst spielt die Rolle des Vermummten Herren – Sinnbild des Lebens und der Menschlichkeit. Tilly Wedekind ordnet sich ihrem Mann völlig unter. »Ihre Liebe ist von weiblichem Feingefühl, Opferkraft und heroischer Größe. Wohl keine zweite hätte diese Liebe aufgebracht«, schreibt der erste Biograf Wedekinds, Artur Kutscher, über sie. Tilly hat verinnerlicht, was Wedekind von einer Partnerin fordert, sie ist der »tapferste Kriegskamerad, der helle Kopf, dem nichts anderes heilig ist als die sonnenklare, unerbittliche Vernunft und die sturmgewaltige Leidenschaft. Diese Frau geht mit dem Mann, den sie liebt, in den Tod.«

Fast geht sie wegen des Mannes, den sie liebt, tatsächlich in den Tod. Sie macht noch einen zweiten, sehr ernsten Selbstmordversuch, von dem sie sich lange Zeit nicht erholt. Die völlige Konzentration auf Wedekind und seine schnell wechselnden Launen hat sie gezeichnet. Sie wird fast bis ans Ende ihres Lebens unter schwersten Depressionen leiden.

Wedekind ist total abhängig von ihrer Präsenz. Ist sie nicht bei ihm, muss sie ihm schreiben. Als sie ihm zu einem Gastspiel einen Mantel nachschickt, legt sie den Brief in das Paket. Wedekind braucht den Mantel inzwischen nicht mehr, lässt das Paket geschlossen, bekommt daher auch nicht den Brief und schreibt: »Mich auf Reisen ohne Nachricht zu lassen, ist ebenso unanständig von Dir, wie wenn ich Dich ohne Geld lassen wollte. Ich habe Deine Unanständigkeit gründlich satt. Mit welchem Recht gehst Du in meinem Haus noch aus und ein.« Inzwischen hat Tilly längst den nächsten Brief losgeschickt, der die Sache aufklärt.

Tilly vergleicht ihre Ehe mit dem Leben auf einem Pulverfass. Wedekind reibt sich nicht nur an ihr, sondern auch an Kollegen, zu denen er ein ähnlich widersprüchliches Verhältnis hat.

Mit dem Schriftsteller Max Halbe verbindet ihn eine Beziehung, die zwischen Freundschaft und wütendem Hass osziliert. Ihre Fehden tragen die beiden schriftlich aus. Halbe porträtiert Wedekind in »Insel der Seligen« als Intriganten Dubsky, der ein Tintenfass in der Brust und eine Rechenmaschine im Kopf hat. Wedekind zeichnet ein Zerrbild Halbes und gibt ihm den Märchennamen Max Pipifax. Halbe, der Tilly sehr verehrt, schenkt ihr einen Blumenstrauß und wird von Wedekind deswegen zum Duell gefordert. Immer wieder passieren den beiden groteske Begegnungen: so fahren sie peinlicherweise in benachbarten Abteilen im Schlafwagen.

Als sie sich wieder einmal, während einer Krankheit Wedekinds, versöhnen sollen, vertreibt er Halbe wütend von der Bettseite: »Das war nur für den Todesfall gedacht!«

Wedekind ist ein Mensch der Widersprüche, sentimental und brutal, einer, dem Gefühle zutiefst peinlich sind und der wegen Kleinigkeiten in Weinkrämpfe verfällt. Einer, der in seinen Stücken Vollnaturen zeichnet, ein »wunderlich verkehrter Moralist«, wie ihn ein Zeitgenosse nennt.

Wedekind hat das Pandämonium seines dramatischen Personals in sich und lässt es jederzeit auf die Menschen los, die ihm am nächsten sind.

Wedekinds Freunde sind 20 Jahre älter als Tilly und betrachten sie nur als Anhängsel des wilden Genies. Sie sucht Menschen ihrer Generation, ihrer Art des Denkens: Ida Orloff, der sie sich seit den Wiener Tagen verbunden fühlt, und die eigenwillige Tilla Durieux, auch eine Wienerin mit steiler Karriere in Berlin. Sie verkörpert mit großen Erfolg einige Wedekindrollen. Ihr faszinierendes Gesicht mit den hohen Backenknochen, den schrägen Augen inspiriert eine ganze Reihe von berühmten Malern und Bildhauern, darunter Renoir. Paul Cassirer, ihr Mann, ist ein erfolgreicher Kunsthändler und Verleger. Mit ihm verbindet sie eine ebenso komplizierte Beziehung wie Tilly mit Frank Wedekind. Als Tilla Durieux sich scheiden lassen will, erschießt sich Paul Cassirer im Nebenzimmer. Auch Adele Sandrock gehört zu Tillys Freundeskreis, ihr trockener Witz richtet sie immer wieder auf.

Ida Orloff hat sich in Berlin in einem Fach etabliert, in dem sie nicht erwachsen werden kann: die Kindfrauen und Märchenwesen, die sie so perfekt verkörpert, langweilen sie zu Tode. Sie muss weg von Berlin, wo man sie nicht anders kennt und immer wieder so sehen will.

Sehnsucht nach Wien, nach der gewohnten Umgebung steigt in ihr auf, zudem erhofft sie von den Verwandten Hilfe bei der Betreuung ihres Kindes. Und dann kommt das lang ersehnte Angebot des Burgtheaters, über den Schauspieler und Pädagogen Ferdinand Gregori, der sie noch aus ihrer Ausbildungszeit kennt.

Sie ist achtzehn Jahre, als sie in die Stadt zurückkehrt, die Ausgangspunkt ihrer Karriere war. Aber sie ahnt nicht, mit welchen Zwängen sie dieses Engagement konfrontiert. Das Burgtheater untersteht dem k. k. Hofmeisteramt, entsprechend langwierig und umständlich sind die Verhandlungen.

Dem Burgtheater anzugehören gilt als die höchste Erfüllung eines Schauspielerlebens. Es bedeutet Würde, Respekt, Nähe zum Hof, Sicherheit. Aber auch: Angst vor Veränderung, Anpassung an die engen Moralvorstellungen dieser Zeit. Eine Haltung, die Ida Orloff völlig fremd ist.

Auch Gerhart Hauptmann musste 1904 erfahren, was es heißt, Burgtheater-Autor zu sein. Als sein Stück »Rose Bernd« aufgeführt wird, kommt es zum Eklat. Die Geschichte eines verführerischen Bauernmädchens, das vom Bürgermeister geschwängert, von einem anderen erpresst, voll Verzweiflung sein Kind umbringt, empört die Kaisertochter Marie Valerie so sehr, dass sie demonstrativ das Theater verlässt, die Damen in Logen und Parkett schließen sich an.

Der Spielplan des Burgtheaters umfasst Klassiker, Historienschinken und leichtgewichtige Lustspiele, die den großen

Primadonnen der Zeit Gelegenheit gegen, ihre Toiletten zu zeigen.

Die zynische Verachtung, die Schauspielerinnen dieser Zeit entgegengebracht wird, prallt am Prunkbau des Burgtheaters ab. Die Nähe zum Hof macht respektabel. Sie bekommen eine ordentliche Gage mit zusätzlichen Remunerationen, müssen nur die modernen Kostüme selbst beisteuern. Die Theaterkutsche bringt sie zu den Vorstellungen. Und zu den Benefizien ihrer Stellung gehört auch das weihnachtliche »Fischgeld«, eine Art Weihnachtsremuneration.

Wie hoch man sie schätzt, lässt sich an der Zahl ihrer Ehen mit Aristokraten ablesen: nicht nur die unbestrittene Grande Dame des Burgtheaters, Charlotte Wolter, ist mit einem Adeligen verheiratet, auch Katharina Schratt, Else Wohlgemuth, Lotte Witt und einige andere. »Die Künstlerinnen der Hoftheater, die kann man nicht nur, die muß man heiraten. Hinter der Bühne der Hoftheater wimmelt es von Gräfinnen«, schrieb Otto Friedlaender in seinem Buch »Letzter Glanz der Märchenstadt«: In diese plüschig-steife Atmosphäre platzt eine Frau wie Ida Orloff. Sie macht sich gleich unbeliebt, indem sie einen zusätzlichen Monat Urlaub im Winter verlangt. Burgtheaterdirektor Schlenther ist indigniert über den arroganten Neuling.

Idas erste Rolle sollte das Rautendelein in Hauptmanns »Versunkener Glocke« sein. Wieder eines der silbrig zirpenden Kindwesen, denen sie entkommen wollte. Aber immerhin: mit Josef Kainz als Partner.

Kainz kennt und schätzt Ida und freut sich auf die Zusammenarbeit. Aber als die Proben beginnen sollen, ist Kainz bereits schwer von seinem Krebsleiden gezeichnet. Bald darauf zieht der Trauerkondukt mit seinem Sarg um das Burgtheater. Ida muss mit zwei Probenauftritten ihr Engagement erspielen. Sie hat Erfolg und wird fix angestellt. Aber was sie sich erhofft hat, geschieht nicht. Wieder besetzt man sie als »Hannele« und als Hedwig in Ibsens »Wildente«, sie spielt die Mirza in Grillparzers »Der Traum ein Leben« und eine nichtssagende Rolle in einem lang vergessenen Ritterstück »Lanvâl«. Als einzige ihr gemäße Rolle wird sie als rebellische Erna Wahl in Schnitzlers »Weitem Land« eingesetzt.

Hugo Thimig, der ab 1912 Burgtheaterdirektor ist – das wurde man nur als höchst angepasster, systemkonformer Schauspieler –, mag Ida nicht. »Die ganz unzulänglich knautschende und berlinerisch sprechende Frau Orloff« – so registriert er ihr erstes Auftreten in seinen Memoiren. Und setzt fort: »Es ist seltsam: in Berlin, vor wenigen Jahren, waren die Begriffe Orloff und Poesie identisch. Hier wirkt ihre Gegenwart nüchtern, dilettantisch …«

Ida bekommt nicht die Rollen, die sie sich wünscht, und sie bekommt nur selten die Chance zu spielen. Auf diese Weise sagt ihr Hugo Thimig seine Meinung.

In dieser Zeit können sich noch die altgedienten Primadonnen jahrzehntelang in die Rollen ihrer Glanzzeit verkrallen, bis sie ihnen von Krankheit und Tod entwunden werden. Ida hat keine Chance, sich in diesem System durchzusetzen. Ihre Ehe, offiziell gelöst, inoffiziell aber weitergeführt, geht mehr schlecht als recht dahin. Karl ist eifersüchtig auf ihre Wirkung. Was er lange Zeit nicht ahnte: Sein bester Freund, Anton Wildgans, der ihm ursprünglich so heftig von dieser Ehe abriet, verliebt sich leidenschaftlich in Ida.

Sie interpretiert seine Gedichte – ein erster Schritt in eine neue berufliche Richtung. Wildgans ist verzaubert von dieser Frau, die seine Worte so lebendig macht. Und er ist verstört, dass seine alte Freundschaft und seine Verbundenheit mit seiner jungen Frau ihm nichts mehr bedeuten. In diesem Zwiespalt entstehen seine stärksten, farbigsten Gedichte, die dreißig »Sonette an Ead«.

»Sie ist die *eine,* die wie ein Magnet
Die Wünsche anzieht, daß sich nichts zerstreue,

Sie ist die Gestrige und immer Neue
Die Ratende, die ohne Wink versteht.
Sie ist der Rauch, der sich bacchantisch dreht,
Nach dem es weder Jammer gibt noch Reue,
Sie ist die Dirnenhafte und die Treue,
Die rote Orgie und das Gebet …«

Aber anders als Hauptmann zieht er sich im Wissen um seine Grenzen zurück. Ein bitterer Nachgeschmack bleibt.

Als Karl Satter der Premiere von Wildgans' Stück »In Ewigkeit Amen«, das ihm gewidmet ist, fernbleibt, schreibt er Ida einen Brief, der den Machtkampf zwischen dem Freund und der Frau enthüllt und dabei noch andere, unterdrückte Empfindungen spiegelt. Wildgans spekuliert darin, welche Rolle Ida bei der Absage ihres Mannes spielte, den er an anderer Stelle als hochgeistig und unabhängig schildert. Ob es wohl Revanche war, schreibt er, weil Wildgans einer von Idas Premieren fernblieb? Und kommt zu einem recht weltfremden Resümee: »Ich will nicht untersuchen, welcher Art die Einflüsse sind, die Du auf Karl hast. Jener, der er war – der edelgesinnte Träumer, der sprühende Kopf, der viel Begeisterte – ist er nicht mehr. Ob er durch Deine Kuren an praktischer Verwendbarkeit im Leben zugenommen hat, lassen wir dahingestellt. Ich glaube aber fast, dem Schmetterling ist zwar der Flügelstaub abgestreift, aber als Passagierluftschiff läßt er sich trotzdem nicht verwenden. Unser beider Ansprüche an Karl sind grundverschieden. Du verlangst von ihm praktische Nutzbarkeit für Dich persönlich, für das Hauswesen, Deine verschiedenen Unternehmungen, usw. – ich war gerade in seine edle Unnutzbarkeit verliebt. Nun ist jener ewig in sich Versunkene, in grandioser Ausschließlichkeit mit sich Beschäftigte, zu einem unbeholfenen Handlanger eines Weibes geworden …«

Ida hat wieder einmal durch ihr bloßes Sosein einen klugen, sensiblen Mann seines logischen Denkvermögens beraubt.

Ein anderer Dichter ihres Freundeskreises, der drei Jahre ältere Franz Theodor Czokor, schreibt den Einakter »Feuer« mit einer Hauptrolle für sie.

Burgschauspieler dürfen sich in den Ferien künstlerisch betätigen, also sieht Ida keinen Grund, die Rolle nicht anzunehmen. Dass sie damit im Ronacher, dem bekanntesten Varieté Wiens, auftreten soll, macht ihr keine Probleme.

Umso mehr dem Burgtheater. Ein Sturm der Entrüstung kommt ihr aus der Direktion entgegen. Eine Burgschauspielerin auf einer Bühne für Jongleure, Zauberer, Chansonetten! Sie weiß jetzt, was ihr bevorsteht, wenn sie die Regeln dieses Hauses bricht. Und sie ist sich klar darüber, was es bedeutet, eine Rolle in einem Stummfilm anzunehmen, auch wenn im Vertrag darüber kein Wort steht. Aber wo war das Burgtheater und wo war der Film! Darüber dachte man nicht einmal nach! Es ist die Nordisk Film Kompagni in Kopenhagen, die Ida engagiert – eine der erfolgreichsten Firmen dieser Zeit, die Stars wie Asta Nielsen beschäftigt.

Der Film beruht auf dem Roman von Gerhart Hauptmann »Atlantis« und ist eine Variation des immergleichen Themas, seitdem er Ida kennt: Ein würdiger Herr verliebt sich in ein unwürdiges Flittchen, das ihn durch seine Hemmungslosigkeit fast zerstört. Zum Glück rettet ihn seine Krankheit und die edle Frau vom Dienst. Das Ganze spielt auf einem Ozeandampfer, dessen Unentrinnbarkeit das vordergründige Symbol dieser Leidenschaft ist. Hauptmann verarbeitete hier seine Amerikareise, auf der Spur seiner ersten Frau. Sie entzog sich ihm, als er sie mit seiner späteren zweiten Frau, Margarete, betrog.

»Atlantis« ist der erste Roman eines deutschen Dichters, der verfilmt wurde.

»Hauptmann bekam für sein ›Atlantis‹ schweres Geld«, schreibt der Schauspieler Rudolf Forster in seinen Memoiren. »Seine Hauptdarstellerin Ida Orloff nicht minder. Iduschka legte ihr Geld ›theatralisch‹ an.« Dabei spielt Forster auf die gemeinsame, von Ida finanzierte Russlandtournee an.

Aus welchen Gründen Ida ihre Rolle spielt, ist nicht überliefert. Aber ihrem Sinn für Humor und Realität wäre es zuzutrauen, dass sie an etwas partizipieren wollte, das sie inspiriert hat.

Idas Frustration am Burgtheater muss so groß gewesen sein, dass sie die Flucht nach vorne antritt und einer internationalen Filmzeitschrift ein Interview gibt, in dem viel weniger von »Atlantis« als vom Burgtheater die Rede ist.

Ihr Sohn Heinrich Satter deutet in seinem lesenswerten Buch »Ida Orloff und Gerhart Hauptmann« diesen Entschluss dahingehend, dass sie ihrer Zeit wieder einmal ein erhebliches Stück voraus war. Sie hat bewusst eine Zeitung zu einem taktischen Manöver benützt. »Eine Idee, auf die bisher nur Politiker gekommen waren …«

Und sie sorgt dafür, dass ein Abdruck dieses Interviews auch noch im vielgelesenen »Neuen Wiener Journal« erscheint. Sie habe, erstens, ohne Erlaubnis der Direktion und des Fürsten Montenuovo, der für das Burgtheater bei Hof zuständig war, gedreht, weil sie ohnehin nicht mit ihr gerechnet hätte. Damit habe sie dem Burgtheater keinen Schaden zugefügt. »Im Gegenteil – das ist für das Burgtheater eine wirksame Reklame.« Schließlich dürften auch Hofopernsänger Plattenaufnahmen machen. Und dann reitet sie der Teufel: Sie habe das Angebot angenommen, weil es eine angenehme Abwechslung sei und weil meist im Freien gedreht würde. »… und das ist doch etwas weit angenehmeres als die Kulissenluft des Burgtheaters«. Außerdem sei es – zweitens – für einen ehrgeizigen Schauspieler wichtig, sich selbst einmal zu sehen und so seine Fehler korrigieren zu können. »Drittens habe ich für meine Mitwirkung in dem Atlantisfilm ziemlich viel Honorar bekommen.«

Ob das Burgtheater deswegen verstimmt sei, berühre sie

nicht. Sie sei selbst verstimmt, weil man sie nur rund fünfzig-mal im Jahr spielen lasse. In Berlin hatte sie 200 Auftritte pro Saison.

Einmal in Fahrt, redet sie sich von der Seele, was sie von den Burgtheaterdirektoren hält. Man habe ihr viel versprochen und nichts gehalten. »Der Freiherr von Berger war mehr ein Mann der liebenswürdigen Rede als ein Mann der Tat. Mit Thimig stehe ich persönlich ausgezeichnet, dafür läßt er mich fachlich nicht zur Geltung kommen ... Ein guter Direktor ist Thimig nicht. Er ist vor allem zu lange Mitglied gewesen, als daß er den Kollegen plötzlich ein zielbewußter, energischer Chef sein könnte.«

So viel provokante Wahrheiten lassen das Imperium so schnell, effizient und unbürokratisch zurückschlagen wie noch nie. Ida wird in die Direktion vorgeladen und bekommt von den versteinerten Würdenträgern als erstes und einziges Mitglied des Burgtheaters ihre fristlose Entlassung überreicht. »... Sie haben die Disziplin des k. k. Hofburgtheaters in einer Weise gröblich verletzt, welche Ihr ferneres Verweilen im Verband des teils unmittelbar, teils in der Person seines Leiters angegriffenen Instituts als der Würde des letzteren abträglich erscheinen läßt. Die k. k. Direktion findet sich daher mit Genehmigung der k. k. General-Intendanz der k. k. Hoftheater bestimmt, den mit Ihnen abgeschlossenen Engagement-Vertrag vom 7. IX. 1909 sofort aufzulösen ...«

Man hörte dabei die Schwingen des k. k. Doppeladlers aufgeregt und unheildräuend rauschen.

Ida mag sich darüber amüsiert haben, aber sie gibt nicht auf und klagt die Auszahlung der restlichen Gage, die ihr für die Dauer ihres Vertrags noch zustünde. Schließlich vergleicht sie sich und bekommt eine Abfindung für ein halbes Jahr in der Höhe von 8000 Kronen.

Damit ist sie zufrieden. Sie ist die Fessel eines Theaters, in das sie nicht passt, los. Und zusammen mit ihrer Filmgage hat sie genug Geld, um in ihrer Geburtsstadt Petersburg aufzutreten. Rudolf Forster ist bei dieser Tournee ihr Partner, Franz Theodor Czokor, Autor des Revolutionsstücks »Letzte Spiele«, fährt mit.

Es ist eine Fahrt in die Freiheit vom verhassten Zwang, mit Rollen, die sie sich selbst ausgesucht hat.

Am 1. Januar 1914 ist die Premiere von »Liliom« in deutscher Sprache. Forster schildert in seinen Memoiren anschaulich die Feier danach, in einem eleganten Restaurant, in dem auch eine Ballettpremiere gefeiert wird. Schaljapin singt, Champagner fließt, Ida bekommt eine rosa Eisbombe. Zwei stockbetrunkene Aristokraten bewundern sie, bestellen auch eine rosa Eisbombe, um mit beiden Händen hineinzupatschen und dann bewusstlos auf sie zu fallen. Sie werden mit Salmiak belebt, prosten Ida glasig zu, verlieren endgültig das Bewusstsein. Danach, gemeinsam mit Czokor, eine nächtliche Schlittenfahrt über die zugefrorene Newa, bei 22 Grad minus zu einem Nachtlokal. Dort spielen Zigeuner Stenka Rasin, betrunkene Kokotten kreischen, eine Tänzerin, mit Tausendrubelscheinen beklebt, tanzt Cancan auf drei Champagnerflaschen. Von den Logen fallen schwere Bibermäntel, von einer nur mit Smaragden bekleideten Frau geschleudert. Forster und Ida werfen sie wieder zurück. Applaus, Geschrei. Die Pelze kommen zurück ins Parkett. Ein Schuss kracht, ein Kristallluster fällt klirrend zu Boden …

»Triumphgeheul. Wir flohen. Zurück über die Newa. Taghell war das Eis mit Fackeln beleuchtet. Bruderherz! Stenka Rasin! Alles war eine einzige Umarmung. Wir schliefen bis in den späten Mittag hinein, den Schlaf der Gerechten.

Über unsere künstlerischen Erfolge brauche ich dem geschätzten Leser nichts zu vermelden!«

Bald darauf ist es mit den Festen vorbei. Die Vorstellungen bleiben leer – es gibt viel zu wenig deutschsprachiges Publikum für eine mehrwöchige Tournee.

Damit hat Ida Orloff das einzige Vermögen, das sie je besaß, verpulvert.

Mit dem Ausbruch des Ersten Weltkriegs verlässt Ida mit Mann und Kind Wien. Sie und Karl Satter sind überzeugte Pazifisten und bereit dafür einen hohen Preis zu zahlen. Sie gehen zunächst nach Kopenhagen, später nach Stockholm, Karl Satter wird Privatlehrer, Ida gibt Sprachunterricht, rackert sich in ihrem bescheidenen Haushalt ab. 1916 bekommt sie ihr zweites Kind, das nach wenigen Wochen stirbt. Um die Familie zu erhalten, geht sie nach Hamburg, um Theater zu spielen. Sie nimmt jede Rolle an, die man ihr gibt. 1918 kommt ihr drittes Kind, Hermann, unter schwierigsten Umständen zur Welt. Die Ehe mit Karl Satter, längst geschieden, scheitert nun endgültig. Ida kehrt nach Wien zurück und bringt ihr jüngstes Kind zu ihrer Schwägerin Hanna. Sie ist die Frau eines österreichischen Admirals, des Kommandeurs von Pola. Dann geht sie nach Berlin, aber an ihre alte Karriere kann sie nicht mehr anknüpfen.

Mit zweiunddreißig heiratet sie den Leiter des Propyläenverlags und ersten Thomas-Mann-Biografen, Franz Leppmann. In dieser »Altersehe«, wie sie es nennt, erlebt sie zum erstenmal und für kurze Zeit Geborgenheit an der Seite eines Mannes.

Ihre Freundin Tilly Wedekind erfährt in der Zeit bis 1919 das extremste Auf und Ab ihrer Ehe. Wedekind ist als Dramatiker anerkannt, als Schauspieler unangefochten. Tilly nimmt sich immer mehr zurück, lehnt interessante Angebote wie jenes von Max Reinhardt ab, weil sie weiß, wie wütend Wedekind darauf reagiert. Er will nun auch nicht mehr mit ihr auftreten, weil er fürchtet, sie könnte ihm die Show stehlen. Um seine Stimmung zu heben, schreibt sie der Schauspielerin Maria Orska, einer brillanten Interpretin der Lulu, ob diese nicht mit Wedekind auftreten wolle.

Maria Orska, deren Karriere in Wien begann, gilt als eine der interessantesten Schauspielerinnen dieser Zeit. Sie ist keine Verwandlungskünstlerin, aber auf eine irritierende Weise verkörpert sie fatale, morbide Frauen. In ihrem Leben verwischt sich schließlich Spiel und Realität, sie wird Morphinistin und bringt sich mit 37 Jahren um.

Aber als Tilly ihr schreibt, ist sie auf dem Höhepunkt ihrer Karriere. Kritiker schwärmen von ihrem »zirpenden Ton, ihrem Fauchen, Schleichen, Tätzeln« und ihren »körperlichen und seelischen Entkleidungsszenen«.

Die Orska ist begeistert von der Idee, mit Wedekind in der Rolle des Dr. Schön in »Erdgeist« aufzutreten. Und Wedekind lebt auf bei dem Gedanken, seine »Lulu« neben einer so verführerischen Interpretin mitzuerleben. Zunächst ist er auch tief ergriffen von Tillys Opferbereitschaft. Schließlich war die Lulu immer ihre große Rolle. Kaum ist die erste Freude verflogen, sagt er ihr abschätzig: »Da brauch ich dich doch nicht dazu!« Tilly leidet, dass Wedekind der Orska die Hände küsst, wie ihr niemals zuvor. Aber sie freut sich schließlich über den Aufschwung, den ihm diese Aufführung gibt. Er hat nicht mehr lang zu leben.

Nach einer verschlampten Blinddarmentzündung muss er sich einer Reihe von Operationen unterziehen, die ihn schwächer und schwächer werden lassen.

Tilly ist bei ihm, als es mit ihm zu Ende geht. Auf seinen Wunsch flößt sie ihm mit ihrem Mund noch Sekt ein. Er stirbt singend.

»Tilly, gib mir noch einen Kuß, es kommt ja doch, wie es kommen muß«, hatte er kurz vor seinem Tod geschrieben. Das Begräbnis am Münchner Waldfriedhof wird zu einem Spektakel im Wedekind-Stil. Zaungäste brechen aus dem feierlichen Zug, um als Erste am Grab zu sein. Der Schriftsteller Heinrich Lautensack, einer der »Elf Scharfrichter« von einst, kommandiert lautstark ein Kamerateam, wirft einen Kranz in Wedekinds Grab und springt selber nach.

»Glücklich, wer gesund und heiter über frische Gräber hopst«, hatte Wedekind einmal ahnungsvoll geschrieben. Tilly steht wie betäubt in dieser Wahnsinnsszene. Sie hat nicht viel Zeit, um wieder zu sich zu kommen. Sie muss allein mit ihren eigenwilligen Töchtern Pamela und Kadidja zurechtkommen, die vom Tod ihres immer liebevollen Vaters verstört sind. Tilly muss sich aber auch Überblick über ihre finanziellen Verhältnisse schaffen, in die sie Wedekind nie eingeweiht hat. Und sie will endlich wieder nach ihren eigenen Vorstellungen leben und Theater spielen. Materielle Sorgen hat sie vorläufig nicht, die Stücke Wedekinds sind erfolgreich.

Einige Jahre nach Wedekinds Tod bemüht sich ein draufgängerischer, ziemlich eitler Mann einfallsreich um sie. Er schickt ihr Blumen und Karikaturen, bastelt windschnittige Papierflieger für ihre Töchter. Er fährt wie der Teufel Motorrad und begleitet Tillys Taxi, mit Kadidja am Soziussitz, knatternd quer durch München: Ernst Udet. Kampfflieger des Ersten Weltkriegs, später Luftwaffengeneral unter Göring. Vorbild für Zuckmayers »Des Teufels General«.

Tilly genießt ihre Liaison mit ihm. Langsam erwachen wieder ihre kleingehaltenen Lebensgeister. »Die tolle Tilly« wird sie von ihren Freunden genannt.

Jahre später, als ihre Beziehung zu Udet in Freundschaft übergegangen ist, bittet sie ihn um einen Gefallen. Die Nationalsozialisten sind bereits am Ruder, Udet ist in hoher Position. Und sagt: »Wenn es etwas Rassisches ist, kann ich nichts tun.« Tilly wollte ein Autogramm Udets für ihren halbwüchsigen Neffen …

Ihre Töchter wachsen in den Künstlerkreis der Eltern hinein. Pamela spielt als Kind mit den Kindern des Dramatikers Carl Sternheim. Später wird sie den Vater heiraten, der acht Jahre älter ist als Tilly.

Kadidja gründet am Starhemberger See ihr eigenes Kaiserreich, sie regiert ausschließlich über Jungen, die ihre Vasallen sind. Die Erwachsenen beteiligen sich amüsiert an ihrem Spiel, der Dramatiker Jean Giraudoux nimmt bei Kaiserin Kadidja die Flottenparade ab. Sie schreibt über diese Erlebnisse ein Kinderbuch und illustriert es auch. Später wird sie Schülerin bei Emil Orlik, der eine Reihe von Wedekindstücken illustriert hat. Durch den Börsenkrach 1929 verliert Tilly ihr in amerikanischen Aktien angelegtes Vermögen und kommt in die größten finanziellen Schwierigkeiten.

Karl Kraus, der sie einst in Wien entdeckt und ihrem Leben eine so entscheidende Wendung gegeben hat, schickt ihr – ungefragt – Geld und hilft ihr über die gröbsten Probleme hinweg, bis ihre Theaterkarriere wieder anläuft.

Sie spielt nun wieder die klassischen Rollen, mit denen sie als ganz junge Schauspielerin in Graz so großen Erfolg hatte.

Und sie verliebt sich in den Arzt und Dichter Gottfried Benn. Er ist ein Eigenbrötler und Egozentriker, der von sich selbst sagt, er sei »umgeben von einer Mauer, mit Hieroglyphen bedeckt. Aber es lohnt sich nicht, sie zu entziffern.«

»Das schreckt mich nicht«, sagt Tilly. Sie ist den Umgang mit Schwierigen gewohnt.

Tilly sieht Ida Orloff, die gemeinsam mit ihrem zweiten Mann eine Villa in einem Vorort von Berlin bewohnt. 1922 war deren Sohn Wolfgang aus der Ehe mit Franz Leppmann zur Welt gekommen. Er wird später großartige Biografien über Rilke, Goethe und – Gerhart Hauptmann schreiben.

Im Hause Leppmann verkehren Autoren, Verleger, Kritiker, Schauspieler – Ida ist über alle neuen Strömungen des Kunstlebens informiert. Aber sie gehört nicht mehr dazu. Doch sie findet einen neuen Zugang – über den Rundfunk. Seit 1923 gibt es im Vox-Haus in der Berliner Potsdamer Straße ein Studio, in dem mit der neuen Technik experimentiert wird, und Ida Orloff ist die erste bekannte Schauspielerin, die sich dafür interessiert. Sie interpretiert Dramen, Prosa, Gedichte und stellt sich einfühlend auf das neue Medium ein. Das macht sie zu einer begehrten Spezialistin, die auch von vielen anderen Sendern geholt wird.

Die intensive Beschäftigung mit Literatur lässt sie auch noch einen anderen künstlerischen Bereich erobern: Sie übersetzt Dostojewski, Turgenjew und moderne sowjetrussische Autoren. Schließlich findet sie auch noch ein Ventil ihrer Darstellungskraft: Sie gibt Schauspielunterricht. Ihre Schülerinnen sucht sie sich sehr kritisch aus – sie müssen begabt und ihr sympathisch sein.

Vielleicht hätte eine so vielseitige und kluge Frau wie Ida Orloff sich mit Regie auseinandergesetzt. Aber alle Pläne werden durch die Machtübernahme Hitlers 1933 über den Haufen geworfen. Franz Leppmann ist Jude und weiß, was er zu erwarten hat.

Wieder muss Ida mit Mann und Kindern alles verlassen, was sie geschaffen hat, um in die Emigration zu gehen. Ihr Ziel ist zunächst Italien, wo es vorerst keine Judenverfolgungen gibt. Aber weder sie noch Franz Leppmann finden Arbeit. Ihre Ersparnisse schwinden dahin, die Situation wird bedrohlich.

In ihrer Verzweiflung schreibt Ida an Gerhart Hauptmann, der gute Beziehungen zu Italien hat. Er studierte als junger Mann in Rom Bildhauerei. Seit Jahrzehnten verbringt er seine Winter in Rapallo, wo er in eleganten Villen residiert als »inoffizieller italienischer Staatsbürger« – so Heinrich Satter.

Hauptmann war politisch immer sehr interessiert, 1921 gab es Gerüchte, er kandidiere als Reichspräsident, was er aber dementierte. Er bekam eine Reihe hoher internationaler Auszeichnungen und 1912 den Nobelpreis für Literatur. Hauptmann genoss die Nähe der Mächtigen, er wurde in den USA von Herbert Hoover empfangen, in Tschechien von Präsident Masaryk und in Italien von Mussolini. Hauptmann bewunderte Mussolini, verglich ihn mit Bismarck und Napoleon und ließ das die Welt auch wissen.

Ida Orloff wendet sich also keineswegs grundlos an den Geliebten von einst. Sie bittet ihn in einem berührenden Brief, der ihre triste Lage schildert, ihr seine »helfende Hand« bei einer Mussolini-Audienz nicht zu versagen. Sogar Stefan Zweig, der Mussolini gar nicht persönlich kannte, vermochte nur auf Grund seines literarischen Rufs erfolgreich für einen Mann zu intervenieren, der in Italien angeklagt war. Das Verfahren wurde danach niedergeschlagen.

Gerhart Hauptmann schreibt ihr knapp und kalt zurück: Er könne den großen Staatsmann nicht in solchen Privatangelegenheiten belästigen.

Ob er diesen Brief selbst verfasst hat, ob er überhaupt Kenntnis von Idas Bitte hatte, bezweifeln Kenner seiner Situation. Hauptmann hat sich zu dieser Zeit bereits in olympischen Höhen verschanzt. Seinen Alltag verwaltet klug und effizient Frau Margarete.

Ida kann nicht länger in Italien bleiben und flieht mit ihrer Familie nach England – ins Elend. Sie beherrscht die Sprache nicht, ihr Mann hat lange keine Verdienstmöglichkeit, sie verrichtet Dienstbotenarbeit, um nicht zu verhungern. Dazu kommt ein Nervenleiden im Arm, das ihr unerträgliche Schmerzen verursacht. Verzweifelt kommt sie nach Deutschland, wo sie Freunde hat, medizinische Hilfe und vielleicht eine berufliche Chance erhofft.

Kurz darauf erklärt Hitler England den Krieg und sie kann nicht mehr zurück. Sie ist von ihrem Mann und ihrem jüngsten Sohn Wolfgang, aus der Ehe mit Franz Leppmann, abgeschnitten.

Sie macht, um zu überleben, eine Wehrmachtstournee, bei der sie die neunzigjährige Mutter Bismarcks spielt. Und dann kommt 1941 ein Angebot, das sie noch einmal in die Schlagzeilen katapultiert. Das Rosetheater in Berlin bietet ihr die Hauptrolle in Gerhart Hauptmanns Stück »Der Rote Hahn«. Das ist die Fortsetzung der berühmten Tragikomödie »Der Biberpelz«. Aus der schlitzohrigen Mutter Wolff ist in dieser

Fortsetzung eine Kriminelle geworden, die aber immer noch liebenswerte Züge hat.

Das kindliche Zauberwesen, das vor über dreißig Jahren ganz Berlin verrückt gemacht hat, in einer Charakterrolle! Ida wird interviewt, fotografiert und die Premiere erweckt größtes Interesse.

Ida konzentriert all ihre Energien auf diese neue Rolle. Berlin hat bereits Bombenschäden, der Verkehr funktioniert schlecht. Um sich ungestört ihrer Arbeit zu widmen, übersiedelt Ida in das abseits des Zentrums liegende Rosetheater, richtet sich auf der Probebühne ihre Schlafstätte ein.

Und sie erlebt wieder einen Triumph in einem Hauptmann-Stück, das bisher keinen Erfolg hatte.

Hauptmann ist zur Premiere eingeladen, aber er kommt nicht. Ob Frau Margarete wieder einmal Schicksal gespielt hat? Aber der Erfolg ist so groß, dass das Stück fünfzigmal gespielt wird. Das kann Hauptmann nicht verborgen bleiben. Ida schreibt ihm und bittet ihn, zur letzten Vorstellung zu kommen. Über ihre Enttäuschung in Italien schreibt sie nichts. Hauptmann, der zu den Nationalsozialisten Distanz hält, wird nicht mehr sehr oft aufgeführt.

Ob es ihn berührt hat, dass die Frau, die so eng mit ihm und seinem Werk verbunden war, nun wieder einem seiner Stücke zum Erfolg verhilft?

Er kommt. Mit Margarete. In der Pause bedankt er sich beim Ensemble und beim Regisseur, sagt Ida Freundlichkeiten über einstige Leistungen und ihre aktuelle Darstellung. Er würde auch ein altes Stück für sie überarbeiten. Ida notiert später jedes Wort, das er ihr sagt. Dann schaltet sich, schmallippig, Frau Margarete ein: »Inspirieren Sie meinen Mann nur wieder – dagegen habe ich nie etwas gehabt.«

Als der Vorhang nach dem letzten Akt fällt, entschwinden die beiden schnell – zu einer dringenden Reise.

Ein letztes Mal treffen Ida und Hauptmann einander in Wien,

bei der Generalprobe von Hauptmanns »Iphigenie in Aulis«
zum 81. Geburtstag des Autors im Burgtheater.
Er küsst ihr die Hand, sagt noch einmal »Idinka«. Dann wird
ein bisschen Konversation gemacht und man trennt sich.
Ida Orloff ist nie wieder auf einer Bühne gestanden. Nach einem Schlaganfall in Berlin wird sie von Freunden in das Sa-
natorium Rekawinkel bei Wien gebracht, wo sie sich so weit
erholt, dass sie nach Tullnerbach ziehen kann, zu ihren Verwandten, die ihren dritten Sohn Hermann aus der Ehe mit
Heinrich Satter aufzogen. Sie kann wieder Vortragsabende
geben, unterrichtet einige Schauspielschülerinnen.
Die Front rückt näher und Ida tröstet alle, die Angst vor den
Russen haben. Sie kennt sie, sagt sie, es sind seelenvolle, güti-
ge Menschen. Ida liest den Menschen ihrer Umgebung Tolstoi
vor, Gogol, Dostojewski. Vor Menschen, die solche Dichtung
hervorbringen, muss man sich nicht fürchten. Sie würde mit
den Soldaten reden. Niemand braucht zu flüchten. Sie gibt
den Ängstlichen Russischunterricht, macht sich die Mühe, für
sie eine Sprachlehre zu schreiben.
Nach den Meldungen im Rundfunk hat sich die Front im
Osten stabilisiert. Gerüchte von Wunderwaffen machen die
Runde. Und dann stehen plötzlich die ersten Russen vor der
Tür. Ida geht ihnen in der strahlenden Gewissheit entgegen,
dass sie sich verständigen kann. Sie heißt sie willkommen,
bietet sich als Übersetzerin, Unterhändlerin an. Ein Offizier
der Kampftruppe unterhält sich angeregt mit ihr, andere
kommen dazu – freundlich, angenehm überrascht. Alles ist
so, wie sie es gesagt hat.
»Kümmern Sie sich nicht um die anderen, kümmern Sie sich
um sich selbst«, sagt der Offizier, ehe er mit den Kampftrup-
pen weiterzieht. Und dann kommt die zweite Welle Russen.
Ausgehungert, verwildert, voll Hass. Mit ihnen kann niemand reden, auch Ida nicht. Sie fallen mit der gleichen Gier
über die spärlichen Vorräte wie über die Frauen her. Ida ver-

sucht an ihre Menschlichkeit zu appellieren – sie wird wegge-stoßen, beschimpft, ausgelacht. Rundum Frauenschreie und das Grölen der Betrunkenen …

Die Frauen, denen sie geraten hatte, hier zu bleiben, kommen zerstört, versteinert zu ihr. Sie solle ihnen doch helfen. Ida bricht verzweifelt über ihren verhängnisvollen Irrtum zusam-men. Sie besitzt noch Veronal, das sie lange gehortet hat, aber das ist zu wenig für so viele. Sie verteilt Rasierklingen unter den Frauen. Die starren das Stück Stahl an, dann wirft eine es zu Boden und rennt hinaus. Die anderen folgen.

Ein Russe reißt die Türe auf und schreit, der ganze Ort müsse geräumt werden. Die ersten Vertriebenen taumeln schon mit Bündeln in den Händen auf der Straße nach Westen.

Da nimmt Ida das Veronal, das sie in einer Feldflasche aufge-löst hat, und trinkt es aus bis zur Neige.

Sie stirbt am 9. April 1945. Die Tote schützt die Lebenden, die sich im gleichen Haus verstecken. Die Russen schrecken vor dem Leichnam zurück.

Fast zur gleichen Zeit wie Ida stirbt ihr Sohn Hermann bei ei-nem der letzten Gefechte um Wiener Neustadt.

Tilly Wedekind wird erst sehr viel später vom tragischen En-de ihrer Freundin Ida erfahren.

Tilly und ihre Töchter müssen in der Nazizeit weitgehende Einschränkungen ihrer künstlerischen Freiheit auf sich neh-men. Die Werke Wedekinds werden eingestampft, Tilly kann nicht mehr mit Tantiemen rechnen. Ihre Töchter, ebenso be-gabt und freiheitsliebend wie sie, stoßen schnell an Grenzen. Die Theaterkarriere Pamelas wird durch eine Naziorganisati-on boykottiert. Aber durch eine Intervention der Frau Her-mann Görings, die als Emmy Sonnemann selbst Schauspiele-rin war, wird dann doch ein Auftritt möglich. Gustaf Gründ-gens, bei dem sie spielt, kann sagen, Pamela spiele auf aus-drücklichen Wunsch von Frau Emmy Göring. Kadidja, die den politischen Druck nicht erträgt, geht nach Amerika.

Tillys Beziehung zu Gottfried Benn endet, ebenso wie viele seiner Freundschaften, als er sich politisch völlig dem Nationalsozialismus ausliefert. Er sieht, wie isoliert er ist, und meldet sich als Stabsarzt an die Front. Die Vernunftehe, die er mit einer Offizierstochter eingeht, endet mit dem Selbstmord seiner Frau.

Als nach seinem Tod die Briefe Benns veröffentlicht werden, stellt Tilly fest, dass sie in der Zeit ihrer größten Leidenschaft eine sehr reizvolle Konkurrentin hatte. »Ich bin immer froh, wenn Konkurrentinnen reizvoll sind«, schreibt sie in ihren Erinnerungen. »Ich fände es meiner nicht würdig, wenn sie es nicht sind.«

Tillys Theaterkarriere geht langsam und beständig weiter. Zunächst muss sie alle Rollen annehmen, die man ihr anbietet, aber schließlich bekommt sie die großen, lohnenden Rollen, die ihrem Talent gemäß sind. Die »Dornenkrone der Wedekindschauspielerin«, wie Karl Kraus es formuliert hat, drückt sie nicht mehr.

Ihr Leben verläuft zwischen Euphorie und tiefen Depressionen. Ihre Vitalität behält zwar immer wieder die Oberhand, aber bis ins achtzigste Lebensjahr erlebte sie Abstürze. Bis sie durch ein Medikament davon geheilt wird. »Man soll wirklich nie die Hoffnung aufgeben«, schreibt sie.

Auch mit ihren Töchtern erlebt sie ein Auf und Ab der Gefühle, wie es allen Müttern interessanter, widerspruchsvoller Kinder beschieden ist. Pamela wird eine hervorragende Wedekind-Interpretin. Nach dem Scheitern ihrer Ehe mit dem viel älteren Carl Sternheim heiratet sie den Schauspieler Charles Regnier, was die Mutter lange Zeit nicht erfährt.

Das Kriegsende erlebt Tilly in der Schweiz, wohin sie unter größten Opfern flüchten kann, um ihre kranke Enkelin gesund zu pflegen. Mit diesem Kind verbindet sie die harmonischeste Beziehung ihres Lebens.

Als sie ihre Erinnerungen schreibt, ist sie fast achtzig Jahre alt, klarsichtig und voll jenem mitreißenden Humor, der einst Wedekind bestrickte.

Das Alter, findet sie zwar, sei ein Fegefeuer. »Einfachste Dinge werden zum Problem. Man ist auf Menschen angewiesen, die man nicht mag. Und die, die man mag, lassen einem in Stich.« Aber noch immer geht sie im Pagenkostüm, das ihre legendären Beine zeigt, auf Faschingsbälle und tanzt die ganze Nacht durch.

Über die Lulu, die sie einmal so überzeugend verkörpert hat, macht sie sich jetzt ihre eigenen Gedanken. Dass nach Ansicht der Männer immer die Frau das Übel über die Welt bringt – das findet sie unerhört!

Sie hat den Mann, der das in seinen Werken so nachdrücklich bekräftigte, um fünfzig Jahre überlebt. Er hat ihr aber auch noch eine andere Botschaft übermittelt, die den zweiten Teil ihres Lebens prägte. Als in München der Wedekindplatz eingeweiht wird, singt ihre Tochter Pamela das Bajazzolied ihres Vaters – auch für Tilly: »Drum schlägt auch der Mensch am besten täglich einen Purzelbaum …«

GEGEN-SPIELERINNEN

Marie Geistinger und Josefine Gallmeyer

Die beiden Frauen, die einander im Laufe ihrer Karriere so oft begegnen, könnten nicht verschiedener sein.

Die eine – Marie Geistinger – ist eine strahlende Schönheit im Geschmack der Gründerzeit: mit puppenhaftem Gesicht, von opulenter Schlankheit, mit eleganten Bewegungen.

Sie hat eine schöne, gut geschulte Stimme, ein vielfältiges schauspielerisches Talent. All das verwaltet sie mit unnachgiebiger Disziplin und einem Instinkt, der sie haarscharf an den Grenzen des Möglichen balancieren lässt, ohne dass sie jemals abstürzt.

Die andere – Josefine Gallmeyer – ist klein, unscheinbar, ihr blasses Gesicht ist derb, aber die Augen so stark, so elektrisierend, dass sie mit ihnen ihr Publikum bis in die letzten Reihen der großen Wiener Theater in Bann hält. Sie besitzt das frechste Mundwerk ihrer Zeit und eine schauspielerische Wahrhaftigkeit, die aus der dümmsten Posse ein Kunstwerk des Augenblicks macht. Mit ihren spontanen Improvisationen, ihren unkontrollierten Wutausbrüchen wird sie zum Schrecken der Kollegen und Direktoren und zum gehätschelten, aber gefährdeten Liebling des Publikums.

Die beiden Frauen, die einander anziehen und abstoßen, sind

fast gleich alt. Die Geistinger ist 1836, die Gallmeyer 1838 geboren. Beide kommen aus Schauspielerfamilien, ihre Karrieren überschneiden sich im Laufe ihrer Leben immer wieder, gehen aber dann in ganz andere Richtungen.

Beide, die Geistinger wie die Gallmeyer, begleiten und formen ein Stück wienerischer Theatergeschichte.

Sie wissen noch gar nichts voneinander, als sie in einer brillanten Parodie von sich reden machen.

Das Objekt ihrer witzigen Übertreibungskunst ist eine spanische Tänzerin, die sich Pepita de Oliva nennt.

Skeptiker halten sie weder für eine Spanierin noch für eine besonders gute Tänzerin. Aber sie ist bildschön, spielt ihre Erotik ungeniert aus und verwirrt mit dem Staccato ihrer Schritte, mit den aufreizenden Schlangenbewegungen ihres Körpers das brave Biedermeierpublikum.

Ihr Rezept ist bewährt. Schon der aus Schottland stammenden Pseudo-Spanierin Lola Montez gelang es, damit Aufsehen zu erregen und den bayerischen König Ludwig I. um Verstand und Krone zu bringen. In einer Zeit, da Tänzerinnen mit Blumenkränzen und Flügeln als Elfen und Sylphiden über die Bühne trippeln, ist Spanisch offenbar eine sehr eindringliche Körpersprache, die keiner missversteht.

Sowohl Marie Geistinger als auch Josefine Gallmeyer entdecken mit scharfem Blick für das Lächerliche, wie vordergründig und dick aufgetragen die Erotik dieser Darbietung ist. Und sie machen sich mit viel Können und Humor darüber lustig.

Die sechzehnjährige Geistinger tritt in Wien, die Gallmeyer bald darauf in Brünn mit dieser Parodie auf. Das Haar mit einem hohen Schmuckkamm zum Knoten gerafft, der kurze Spitzenrock mit Schärpe zeigt reichlich Bein. Mit knallenden Absätzen und knatternden Kastagnetten winden sich die beiden im Flamencorhythmus so urkomisch über die Bühne, dass dem Publikum da wie dort vor Lachen die Luft wegbleibt.

Marie Geistinger

Nach Meinung von Zeitgenossen ist die Gallmeyer, die sich Pepi nennt, dabei im Vorteil: Sie ist ja schon zu zwei Drittel Pepi-ta.
Beide Schauspielerinnen kamen blutjung ans Theater. Die Geistinger, in Graz am 26. Juli 1833 als Tochter eines Schauspielerehepaares geboren, tritt schon in Kindervorstellungen auf. Die Eltern fördern sie liebevoll und sie lernt es spielerisch, ihre Schönheit, ihre Intelligenz und ihre Willenskraft einzusetzen um weiterzukommen. Mit vierzehn hat sie bereits ein Engagement in München, nach ihrer erfolgreichen Pepita-Parodie am

Wiener Josefstädter-Theater geht sie nach Berlin. Sie hat nicht nur für Musik Gehör, sie nimmt auch Sprachfärbungen perfekt an – keiner kommt auf die Idee, sie könnte keine Berlinerin sein, wenn sie in Dialektrollen auftritt.

In ihrer ersten Soubrettenrolle zeigt sie, was sie später in Perfektion beherrschen wird: raffinierten Striptease im Stil der Zeit. In phantasievollen Verzögerungen lässt sie Hüllen fallen – aber, wie damals vorgeschrieben, über einem knapp sitzenden Trikot. Die Geistinger fällt auf. Und sie ist selbstbewusst genug, sich auch für andere einzusetzen. Als der tyrannische Direktor des Berliner Viktoriatheaters eine Kollegin ins Unrecht setzt, beginnt sie mit ihm einen Streit und verlässt das Engagement in Richtung Wien.

Ihre Gegenspielerin, die Gallmeyer, kommt aus weit weniger harmonischen Verhältnissen und das mag die vielen Widersprüche ihres Wesens erklären. Ihre Mutter, Katharina Tomaselli, ist Sängerin und stammt aus einer italienischen Familie, zwei ihrer Onkel werden prominente Komiker in Wien, einer wird Zuckerbäcker in Salzburg und begründet das Café Tomaselli.

Katharina bekommt ein uneheliches Kind – für jede Frau dieser Epoche eine Katastrophe. Für eine Schauspielerin bedeutet es meist das Ende ihrer Karriere.

Schauspielerinnen sollen die Fantasie ihres Publikums beflügeln, sie müssen ungebunden und verfügbar erscheinen: Göttin und Hure in einem. Ein Kind – ehelich oder unehelich – ist damit nicht vereinbar. Solange es geht, verheimlicht Katharina Tomaselli ihre Schwangerschaft, presst sich in enge Mieder, lässt Schleier und Schals wallen, aber bald nützt das alles nichts. Sie verliert ihr Engagement.

Ihre Tochter Josefine wird am 27. Februar 1838 in Leipzig geboren. Als Vater gibt Katharina Tomaselli den Wiener Opernsänger Michael Greiner an. Er wird sich um das Kind nie kümmern. Sechs Wochen nach der Geburt geht Katharina

Tomaselli in ein neues Engagement nach Brünn. Niemand darf wissen, dass sie ein Kind hat. Pepi bleibt zwei entscheidende Jahre ohne Kontakt mit der Mutter auf einem Pflegeplatz in Leipzig.

Aber dann lernt Katharina Tomaselli in Linz den Schauspieler Christian Gallmeyer kennen und heiratet ihn. Er akzeptiert ihr Kind und gibt Pepi seinen Namen. Das Zigeunerleben, das Pepi bis zu ihrem Tod führen wird, erlebt sie schon als Kind. Die Eltern wechseln ständig das Engagement. Pepi hat keine Möglichkeit, Wurzeln zu schlagen, Freunde zu finden, die Geborgenheit eines festen Wohnorts zu erleben. Sie wird auch als Erwachsene ständig unterwegs sein. Das Kind lernt sich mit Witz und Willenskraft durchzusetzen, aber es ist im ewigen Kampf gegen eine als feindlich empfundene Außenwelt. Die scheinbar unverständlichen Aggressionen, mit denen Pepi Gallmeyer später ihre Umwelt brüskiert, haben ihre Wurzeln in der Kindheit.

Die Zeiten sind unruhig, nicht nur in Wien bricht 1848 die Revolution aus, sie erfasst auch Ungarn, die Stadt Ofen rebelliert wütend gegen den Kaiser. Als die Gallmeyers hier auftreten, wird Ofen gerade von kaiserlichen Truppen bombardiert. Der Vater steht auf der Seite der Ungarn, die Mutter ist kaisertreu. Pepi hält zum Vater, zerschneidet Atlaskleider ihrer Mutter, um daraus eine ungarische Fahne zu machen. Wofür sie fürchterliche Prügel bezieht.

Keine Frage, dass ein so temperamentvolles, lustiges Kind wie sie zum Theater will. Aber die Eltern sind strikt dagegen. Und sie sagen ihr auch schonungslos warum: Sie ist dafür nicht schön genug. Ein Mädchen, das so aussieht wie sie, kann bestenfalls Gouvernante werden. Denn auch die Chance, einen Mann zu finden, sprechen sie ihr ab.

Gouvernante! Ausgerechnet Pepi, die allen auf der Nase herumtanzt, die andere so gerne nachmacht, die so gut singt und tanzt – am liebsten vor Publikum!

Es hilft nichts, dass sie heulend widerspricht. Die Eltern schicken sie zu einem feinen alten Fräulein, das ihre feine Manieren und feine Handfertigkeiten beibringen soll.

Murrend bestickt sie Taschentücher und Sofaschoner, übt französische Vokabel – und wenn keiner schaut, holt sie die Noten der Mutter und lernt deren Arien.

Ein Freund der Eltern, Fritz Demmer, ein damals berühmter Tenor, kommt zu Besuch und unterhält sich mit dem originellen, schlagfertigen Kind. Pepi nützt ihre Chance, erzählt ihm, dass sie die Arien ihrer Mutter studiert, und er lässt sie vorsingen. Der erfahrene Theatermann horcht auf. Das ist viel mehr als kindliche Freude an der Selbstdarstellung, da ist eine Kraft des Ausdrucks, die gefördert gehört. Die Eltern wiederholen, was Pepi schon so oft anhören musste: Das Kind ist nicht hübsch genug für die Bühne. Fritz Demmer widerspricht. Schönheit ist auf der Bühne nicht alles. Langsam lösen sich die Eltern von der Vorstellung, dass dieses wilde Kind dafür domestiziert werden soll, einmal andere wilde Kinder zu bändigen.

Der Vater, ein erfahrener Schauspieler, will Pepi Sprachunterricht geben. Zunächst soll sie einmal Hochdeutsch lernen. Pepi spricht den wienerischen Dialekt der Mutter. Katharina Tomaselli findet Hochdeutsch überflüssig. Pepi hat eine glockenreine Koloraturstimme, sie soll Opernsängerin werden, und da kein Mensch Operntexte versteht, sei es egal, ob sie hochdeutsch oder mit Dialektfärbung gesungen würden. Die Mutter setzt sich durch. Und Pepi Gallmeyer wird ihr ganzes Leben auf Dialektrollen fixiert bleiben.

1853 – Pepi ist fünfzehn – findet in Brünn eine Benefizvorstellung für ihren Vater statt, bei der drei einaktige Komödien aufgeführt werden sollen.

Pepi hört einer in der Nachbarschaft wohnenden Sängerin beim Proben zu und kann sehr bald deren Chansons. Die Mutter überrascht die Staubwedel schwingende Tochter, wie sie diese Lieder singt und ausdrucksvoll darstellt. Der Vater kommt dazu, ist begeistert, Pepi bekommt nun die Rolle. Und sie spielt sie mit so viel Elan, dass sie Chansons und Tanz bei der Premiere zweimal wiederholen muss. Kein Mensch findet die junge Schauspielerin mehr unhübsch, ihre Natürlichkeit, ihre Spielfreude, die silbrige Stimme und die Kraft ihrer riesigen Augen sind so anziehend, dass das Publikum die ganze Person bezaubernd findet.

Pepi wird fix engagiert und spielt sich in Brünn, später in Pest quer durch das seltsame Repertoire dieser Zeit. Es besteht aus wirkungsvollen Opern wie »Freischütz«, »Don Giovanni«, »Zauberflöte«, in denen Pepi ihre hübsche, aber ungeschulte Stimme vorführen kann. Neben Opern werden Possen, Märchenstücke, französische Singspiele mit effektvollen Rollen gespielt.

Pepi hatte keinerlei Hemmungen zu zeigen, was sie kann. Sie besitzt einen unfehlbaren Instinkt dafür, ihr Publikum zum Lachen zu bringen. Reicht der Text nicht, setzt sie ihre urkomische Körpersprache ein. Nützt auch das nichts, erfindet sie ihre eigenen Pointen. Oft genug auf Kosten anderer. Sie fühlt sich auf der Bühne so zu Hause, dass sie spielend die Distanz zum Publikum überbrückt. Das Lachen, der Applaus sind die ihr so lange vorenthaltene Bestätigung ihrer Wirkung. Sie ist nicht schön, aber sie hat viel mehr, das gefällt: Witz, Fantasie und Macht über das Publikum, das reagieren muss, wie *sie* es will.

Das erkennt sie sehr früh. Und das ist das Geheimnis ihres Erfolgs. Und ihrer Abstürze.

Sie macht sich hemmungslos auf offener Bühne über Kollegen lustig, wenn nur das Publikum lacht. Die Rache folgt auf dem Fuß. Und Pepi macht es allen leicht, ihre Schwachpunkte zu finden und zu treffen. Ein Kollege, den sie bloßstellte, schickt ihr den Theaterarzt, als sie sich krankmeldet. Der findet Pepi kerngesund und in bester Laune inmitten einer übermütigen Gesellschaft. Pepi Gallmeyer wird fristlos entlassen.

Sie sei »ein verlottertes Talent« – ein Urteil, das sie von einem Engagement zum anderen begleitet.

Sie schert sich nicht darum. Ein Theatertemperament wie sie findet immer wieder ein Engagement. Und die Bedingungen diktiert sie. Als bei einer Opernvorstellung in der Proszeniumsloge getratscht wird, verweigert sie dem Kapellmeister den Einsatz. »I sing weiter, wenn die da ruhig sind«, verkündet sie. Diesmal verweigert ihr aber das Publikum die lachende Gefolgschaft. Es hat gezahlt und will etwas hören. Pepi wird ausgezischt. Sie streckt dem Publikum wütend die Zunge heraus. Der Vorhang fällt. Kollegen und Direktoren sind wütend. Da die Pepi noch so jung ist, wird der Vater polizeilich verhalten, sie nicht mehr auftreten zu lassen.

Pepi schert sich nicht darum. Sie weiß, was sie kann und dass ihr Theater auf dem Theater zu ihrer Kennmarke wird.

1856 spielt sie zum ersten Mal in Wien in der Zauberposse »Mammons Palast oder Die Lehre vom Golde«. Aber da ist die spektakuläre Verwandlungsmaschinerie die Sensation des Abends und Pepis Debüt geht unter.

Sie erlebt, was es heißt, an einem Privattheater dieser Zeit zu spielen – ganz ohne Netz. Subventionen gibt es nicht. Die Stadttheater spielen nur in den Wintermonaten, für die Sommermonate müssen sich die Schauspieler Engagement in den Kurtheatern suchen. Direktoren sind häufig Spekulanten ohne jedes Verantwortungsgefühl für die Truppe. Schauspieler, die ein Theater führen, verstehen wohl etwas vom Spielplan, aber selten von den Finanzen.

Pepi Gallmeyer hat im Laufe ihrer Karriere oft Gelegenheit, sich rabiat gegen inkompetente Direktoren zu wehren. Mit Streik, mitten im Stück, falls die Gage nicht ausgezahlt wird. Mit frechen Zusatz-Gstanzeln in ihren Couplets – damit macht sie das Publikum zum Komplizen ihrer Krachs mit dem Direktor. Sie beherrscht die Kunst der pointierten Anspielung in knappen Versen perfekt:

»Spielt ich Alte oder Junge,
Niemals schont' ich meine Lunge,
Immer war ich auf dem Sprunge,
Nie im Zaum hielt ich die Zunge.
Manches Stück, das miserabel,
machte erst mein Spiel passabel,
Denn oft schärfer als ein Sabel,
Wirkte ja mein kecker Schnabel.«

So charakterisiert sie sich selbst.
»Weiblicher Nestroy« wird sie von ihrem Publikum genannt.
Nestroy selbst, der sie als verwandten Geist hätte erkennen
müssen, lehnt sie brüsk ab. »Zu schiach« ist sein vernichten-
des Urteil, als sich Pepi bei ihm um bessere Rollen bewirbt.
Sie kommt mit ihrem Onkel Ignaz Tomaselli, der das Fach des
berühmten Nestroy-Gegenspielers Wenzel Scholz übernommen hat.
Ignaz Tomaselli gibt nicht auf. »Gehen wir zur Frau Direktor,
was die sagt, macht der Nestroy. Und die mag schiache Ma-
deln – wegen der schönen hat sie ja ein ewiges Gfrett mit
ihrem Johann.«
Aber auch die Frau Direktor ist diesmal nicht bereit, auf ein
Prinzip dieser Zeit zu verzichten. Schauspielerinnen müssen
ein Blickfang sein. In Nestroystücken, in denen es so viele
hinreißende Männerrollen gibt, haben sie ohnehin nicht viel
zu reden. Pepi mag ein weiteres Mal schwer geschluckt und
sich geschworen haben, es allen zu zeigen – als »schiaches
Madl«.
Nach zwei unbedeutenden Rollen im Wiener Carltheater
wird sie von Nestroy gefeuert. Gemeinsam mit einer bild-
schönen Statistin: Charlotte Wolter.
Die passt mit ihrem Pathos und den übergroßen Gesten
tatsächlich nicht an dieses lebendige Vorstadttheater. Und sie
macht ihren Weg als perfekte Primadonna der Aufsteiger, am

Burgtheater. In Wien fallen gemäß Franz Josephs 1857 geschriebenem Handbillett die alten Basteien, die Stadt breitet sich bis an die Hänge des Wienerwaldes aus. Um das alte Zentrum wächst der prachtvolle Häusergürtel der Ringstraße mit dem neuen Burgtheater, dem »Theater für Millionäre, das eine Gesellschaft von Millionären baut«. Es ist eingebettet in jene pompösen Palais von Textilfabrikanten, Kohlengrubenbesitzern, Bankiers, die mit Fleiß, Geschick und Skrupellosigkeit aus kleinen Betrieben Millionenunternehmen machten. Ihr neues Geld finanziert einen Lebensstil, der sich an uralten feudalen Traditionen orientiert – was nicht immer sehr überzeugend gelingt. Heerscharen von Dekorateuren, Malern, Bildhauern helfen ihnen bei der Inszenierung bemühter Grandezza.

Manche erreichen das höchste Ziel dieser Zeit: ein Adelsprädikat, das einen schlichten Namen fantasievoll aufbläst.

Gemeinsam mit dem Hof bestimmt das Wiener Großbürgertum der Gründerzeit, wie es von der ersten Bühne des Landes unterhalten sein will: mit prächtig ausgestatteten Klassikern, pathetischen Historienstücken und leichtgewichtigen Lustspielen.

Ernsthafte zeitgenössische Autoren kommen relativ selten zu Wort und scheitern oft am Unterhaltungsanspruch dieses Publikums. Charlotte Wolter, von Nestroy mit Schimpf und Schande aus der Vorstadt davongejagt, ist die ideale Galionsfigur des neuen Burgtheaters und die Interpretin einer Kunst, die das herrschende System nie in Frage stellt.

Charlotte Wolter, die selbst aus kleinsten Verhältnissen stammt, hat alle Erinnerungen an ihren Aufstieg vernichtet. Als Frau ohne Vergangenheit, völlig im Hier und Heute verwurzelt, repräsentiert sie die Gesellschaft ihrer Zeit. Als Hofburgschauspielerin ist sie gesellschaftlich respektiert, finanziell abgesichert, und als sie den Grafen O'Sullivan heiratet, gewinnt sie auch noch das ersehnte Adelsprädikat. Welcher Tri-

70

umph, als sie von Kaiserin Elisabeth nach einer Vorstellung dem russischen Zarenpaar vorgestellt wird: »Das ist Charlotte Wolter. Gräfinnen gibt es genug. Wolter nur eine.« Der Maler Hans Makart und Hans Canon entwerfen für sie – auf ihre Rechnung – aufsehenerregende Kostüme. Die Tänzerin Fanny Elßler berät sie bei ihrer Gestaltung der Lady Macbeth. Der Schriftsteller Adolf Wilbrandt huldigt ihr mit pompösen Historienschinken, die ihr am dramatischen Höhepunkt die Gelegenheit geben, in den durchdringenden Wolterschrei auszubrechen. Da Wilbrandt gleichzeitig Burgtheaterdirektor ist, dominieren seine Stücke mit der Wolter in der Hauptrolle den Spielplan. »Mehr als irgendwo in deutschen Landen herrscht in Wien in der Kunst und im Leben das Weib – jetzt sitzt auf dem Throne des Burgtheaters derjenige Dramatiker der Wiener Schule, der fast ausschließlich Weiberstücke schreibt«, lästert der Schriftsteller Adam Müller-Guttenbrunn über diese Konstellation.

Das Weib, das »in der Kunst und im Leben herrscht« – das wäre die Gallmeyer auch gerne gewesen. An gesundem Machtbewusstsein fehlt es ihr durchaus nicht. Aber Macht durch kluge Unterordnung unter ein herrschendes Prinzip, wie es die Wolter praktiziert – da ist ihre Sache nicht. Sie kalkuliert nicht, sie kämpft wie eine Löwin, wenn man sie ins Unrecht setzt. Aber manchmal auch aus purer Lust am Streit. Knallmeyer, Krawallmeyer nennen sie die Wiener bald.

Lang hält sie es an keinem Theater aus. Sie tingelt quer durch die Monarchie, spielt in Possen und Singspielen mit Ablaufdatum und nur ganz selten in Stücken, in denen ihre Ursprünglichkeit, ihre unverfälschten Herzenstöne zur Geltung kommen. Was für eine wunderbare Salome Pockerl in Nestroys »Talisman« hätte sie sein können. Aber diese schönste aller Nestroy-Frauenrollen spielt sie nie.

Sie ist in der falschen Zeit zur Welt gekommen. Das Altwiener Volksstück verschwindet langsam von den Spielplänen, so wie das alte Wien unter den Spitzhacken der Demolierer verschwindet. Nestroy und Raimund haben Pause und werden erst später wieder entdeckt. Hätte sie länger gelebt, wären wohl die starken dramatischen Frauenrollen des Naturalismus, etwa die Mutter Wolff im »Biberpelz«, ein sicherer Erfolg gewesen.

Aber das erlebt sie nicht mehr. Und so bleibt die Gallmeyer, dieses Genie der Wahrhaftigkeit, ihr ganzes Leben lang eine Schauspielerin ohne die ihr gemäßen Rollen.

1858 bekommt sie ein Kind, über dessen Vater sie nicht spricht. Der kleine Ludwig, den sie Lajos nennt, stirbt nach einem halben Jahr und selbst darüber schweigt sie ihren Freunden gegenüber.

Beruflich geht es ihr auch nicht gut. Der gewohnte Erfolg vor einem aufgeschlossenen städtischen Publikum bleibt in den kleinen Provinztheatern aus. Dort erwartet man für sein Geld große Gesten, tönendes Pathos. Natürlichkeit ist etwas für den Alltag, nicht für das Theater.

Schließlich landet sie in Temesvar bei einem Theatermann, der sowohl ihr Schicksal als auch das der Geistinger bestimmen wird: Friedrich Strampfer.

Der aus Sachsen stammende Schauspieler und Direktor hat schon bessere Tage gesehen, als er die Gallmeyer nach Temesvar holt. Goethes Schwiegertochter Ottilie, die in Wien lebte, hatte ihn ursprünglich nach Weimar empfohlen, wo er Karriere machte. Aber dann heiratete der Protestant Strampfer die katholische Primadonna Weimars, Anna von Ottenburg. Daraufhin wurde das Ehepaar vom Großherzog aus Weimar verbannt. Ein Wanderleben mit mehr Tief- als Höhepunkten schließt sich daran, ehe Strampfer in Temesvar landet.

Ein bitterarmes Theater ist das und die Schauspieler müssen sich mit Hungerlöhnen begnügen. Nicht einmal die in Erpressungen sehr bewanderte Pepi Gallmeyer kann Strampfer zu einer höheren Gage bewegen. Sie muss mit einem elenden

72

Quartier vorlieb nehmen und den Gürtel ganz eng schnallen. Sie organisiert mit Kollegen heimliche Gastspiele in den Schlössern der Magnaten – dort kann sie sich wenigsten satt essen.

Erlösung aus diesem Elend verspricht ein Engagement nach Dresden, aber es scheitert wieder an ihrem rabiaten Temperament. Nach einem Krach mit dem Intendanten schleudert sie ihm das Götz-Zitat entgegen und ist ihr Engagement und den Titel einer königlich-sächsischen Hofschauspielerin los.

Also zurück nach Temesvar, ins Elendsquartier, aber zu einem Publikum, das sie gerade wegen ihrer Temperamentsausbrüche liebt. In einer Aufführung von Raimunds »Alpenkönig und Menschenfeind« gibt sie als Lieschen ihrem Partner Carl Blasel eine so gewaltige Ohrfeige, dass das Publikum jubelnd nach einer Wiederholung verlangt. Der gepeinigte Blasel verweigert sie angstvoll unter dem Gelächter des Publikums.

Es steht dafür, dass sie die mageren Zeiten in Temesvar durchsteht. Denn als Friedrich Strampfer Direktor am Theater an der Wien wird, holt er seinen Publikumsmagneten Pepi 1862 nach.

Das Theater an der Wien ist zu dieser Zeit das größte und schönste Theater Wiens, mit 2200 Plätzen, davon 700 Sitzplätzen, prächtig dekoriert und einer gut ausgestatteten Bühne. Schikaneder, der das erste Theater an der Wien 1787 im Starhembergschen Freihaus gegründet hatte und dort Mozarts »Zauberflöte« uraufführte, ersetzte das kleine und altmodische Theater 1801 durch einen Neubau, den ein Theaternarr mit dem Nestroynamen Bartholomäus Zitterbarth finanzierte. Schikaneder, durch seine Libretti reich geworden, blieb Direktor und setzte sich mit dem Papagenotor ein Denkmal zu Lebzeiten. Das prachtvoll ausgestattete Theater verfügte allerdings nur über eine primitive Technik. So funktionierte der Flaschenzug für den Vorhang, indem drei Arbeiter auf den

73

Schnürboden kletterten, die Stricke packten und damit auf die Bühne sprangen – so rollte der Vorhang auf.

Danach war viel umgebaut und renoviert worden, Friedrich Strampfer kann Pepi Gallmeyer mit einem prachtvollen Theater und einer erstklassigen Gage für ihre Hungerzeit in Temesvar entschädigen.

Strampfer ist hier in seinem Element. Als er Sardous Drama »Vaterland« inszeniert, lässt er das Tor der Hinterbühne öffnen, damit 500 Statisten mit Pferden, Wagen, Kanonen auf die Bühne strömen können. Das gefällt dem Wiener Publikum. Strampfer bringt lebende Hirsche, Esel, herzige Hunde auf die Bühne. Und er liebt gepfefferte Anspielungen, was ihm den Titel »Friedrich der Frivole« sichert.

Pepi Gallmeyer. fiebert der neuen Arbeit entgegen. Von Temesvar aus hatte sie einer Kollegin geschrieben, sie würde auf dem Boden schlafen, trockenes Brot essen – nur um wieder in Wien Theater spielen zu können. Jetzt kann sie ihr Brot gut belegen – 500 Gulden ist eine beachtliche Gage.

Innerhalb des ersten Monats ihres Engagements spielt sie fünf Rollen, darunter die Rosl im »Verschwender«, die sie durch ihr Leben begleitet.

Aber schon bei einer dieser ersten Premieren gibt es wieder Krach mit dem Direktor. In der Posse »Der Goldonkel« spielt sie das Ladenmädchen bei einem Zigarrenfabrikanten. Strampfer hat dafür von Franz von Suppé ein wirkungsvolles Couplet komponieren lassen. Pepi weigert sich lautstark diesen »Schmarrn« zu singen. Strampfer besteht darauf, noch bei der Premiere macht sie einen Skandal, aber Strampfer schiebt sie tollkühn aus den Kulissen auf die Bühne, die Musik klingt auf und die Gallmeyer – singt wirklich.

Was das für Folgen hat, schildert sie lakonisch: »I sitz am andern Tag beim Frühstück und iß grad mei Wurscht, da lies i in der Zeitung, daß i a Schenie bin. I war ganz baff.«

Keiner, der am Theater interessiert ist, kann nun an der Gallmeyer vorbei. Das Publikum jubelt ihr in jeder neuen Rolle zu, die Kritiker überschlagen sich vor Begeisterung über ihre Vitalität, ihren Witz, ihre »Blitzglurn« – die dunklen, hypnotischen Augen, deren Ausdruck sich niemand entziehen kann.

Keiner denkt zunächst über die reichlich schwachen Stücke nach und auch eine bescheidene Pointe wie ihr stereotypes »schon gutt« aus dem »Goldonkel« wird in allen Lebenslagen zitiert.

Ihr Erfolg trägt sie sogar über den Durchfall eines anderen Stücks hinweg, sie bekommt Applausstürme, das Stück wird ausgepfiffen.

Danach besucht ihre einstige Kollegin Charlotte Wolter sie in der Garderobe. »Ich bring dir etwas, das dich freuen wird – eine neue Rolle.« Die Gallmeyer, die noch immer unter dem Misserfolg des Stücks leidet, will nichts davon hören.

Die Wolter beharrt. Pepi Gallmeyer wittert eine Pflanzerei. Womöglich eine Rolle am Burgtheater?

»Eine glänzende Rolle«, sagt die Wolter und überreicht ihr eine Rolle mit fünfzig goldglänzenden Dukaten. Ein heimlicher Verehrer Pepis hätte sie um eine Übermittlung gebeten. Auf dem beiliegenden Billett steht nur: »Schon gutt!«

Egal was sie spielt – die Gallmeyer sorgt für volle Häuser. Ihre nicht gut geschulte Singstimme zeigt erste Abnützungserscheinungen, aber was bedeuten schon glockenhelle Koloraturen gegen die Überfülle von Gefühlen und Stimmungen, die sie damit ausdrückt.

Dem »schiachen Madl«, das Nestroy hinauswarf, liegt ganz Wien zu Füßen. Obwohl sie sich nicht mit dem optischen Zauber der Therese Krones messen kann, spielt sie die »Jugend« im »Verschwender« und viele, die die Krones kannten, geben Pepi den Vorzug.

Und dann entdeckt sie ein Fach, in dem sie unübertroffen bleibt: die Parodie.

Ihre alte Freundin Charlotte Wolter, deren pompöser Stil und die Historienschinken, in denen sie spielt, sind eine wunderbare Zielscheibe für Pepis Witz. In »Die elegante Tini«, eine Parodie auf das Stück »Eglantine«, in dem die Wolter am Burgtheater Triumphe feiert, karikiert sie die ausladenden Gesten der einstigen Kollegin, ihre fürstliche Herablassung – und den durchdringenden Wolterschrei, der bis zum hohen C geht. Auch die »Messalina«, eine weitere Glanzrolle der Wolter, ist vor Pepis genialer Bosheit nicht sicher. Sie badet in pathetischer Zügellosigkeit und holt den doppelten Boden dieses Stücks ans Licht – es bedient sowohl den Voyeurismus wie die schmallippige Selbstgerechtigkeit dieser Zeit.

Die Wolter reagiert in guter Haltung und schenkt Pepi einen kostbaren Fächer.

Mit diabolischer Freude macht sich Pepi Gallmeyer über die Schwächen prominenter Kollegen her. Sie zeichnet hinreißende Zerrbilder der berühmten Sängerin Adelina Patti, sie wirbelt in der Haltung der Primaballerina Coqui in atemberaubenden Pirouetten über die Bühne. Alle Rollen, die sie nie spielen wird: Maria Stuart, Johanna von Orleans usw. führt sie als kunstbeflissene Köchin vor.

Ihrem Kollegen – und zeitweisen Liebhaber – Alexander Girardi schaut sie beim Tarockieren über die Schulter und führt ihn bald darauf mit allen Ticks und Eigenheiten dem Publikum vor.

Viele dieser Parodien fügt sie in vorhandene Stücke ein und gibt ihnen damit einen vom Publikum ersehnten Höhepunkt. Manchmal entsteht ein ganzes Stück aus einer Parodie. Als die berühmte französische Schauspielerin Sarah Bernhardt in Wien gastiert und alle Theater- und Modefans begeistert, tritt Pepi in dem für sie geschaffenen Stück »Sarah und Bernhardt« mit lupenreinem französischem Akzent und grotesk überzeichneten Manierismen des Theaterstars auf. Der Schriftsteller Ludwig Speidel ist fasziniert, wie diese natürliche, unprätentiöse Schauspielerin sich in eine Mondäne am

76

Rande der Hysterie verwandelt. Er bewundert ihr »süßes Sprechen in hoher Sopranlage ...« und dann das oft unglücklich rasche Tempo ihres Sprechens. Mit diesen beiden Dingen spielt Josefine Gallmeyer in souveräner Weise. Man lacht über sie vom Herzen, ohne daß man aufhört, Sarah Bernhardt zu bewundern. Durch diese Parodie fühlt man den Wert der Parodierten hindurch.«

Von der Gallmeyer parodiert zu werden gerät zum Kennzeichen der Popularität. Sie kennt und liebt die Wiener Vorstadtsänger – vor ihrem Spott sind sie trotzdem nicht sicher. So liefert sie ein scharf gesehenes Abbild der Volkssängerin Antonie Mansfeld, die im strengen schwarzen Kleid der Gouvernante die ordinärsten Lieder singt.

Ihr Geheimnis ist der höchste Respekt vor echtem Können und die kindlich-übermütige Freude an der Nachahmung. Sie übertreibt nie beleidigend. Als die monumentale Opernsängerin Maria Wilt ihr bereitwillig vorsingt, um Pepi Stoff für eine Parodie zu liefern, bricht sie über deren engelhaft schöne Stimme in Tränen aus. »Na, dös ist zu schön zum Nachmachen.«

Der rasche Erfolg der Parodien macht ihr zwar Freude, aber er tröstet sie nicht über den Mangel an guten Stücken hinweg.

Der Schriftsteller Raoul Auernheimer schrieb, ihre Bandbreite reiche »von der Frechheit zur Tragik, vom Couplet zum Wolterschrei, vom Cancan zur Träne«. Aber wo ist der Schriftsteller, der ihr dafür Rollen schafft? Es gibt zwar viele, die sich mit ihren Arbeiten an sie herandrängen. Einer tut es mit dem großen Wort: »Meine Werke werden noch gelesen, wenn Goethe und Schiller längst vergessen sind.« Pepi schaut ihn schräg an. »Ja, aber keinen Augenblick früher.«

Ein Routinier des Volksstücks ist der Schriftsteller O. F. Berg, der es versteht, eine aktuelle Begebenheit zu Stücken mit effektvollen Rollen aufzuschäumen. Aber Pepi weiß zu genau, was beim Publikum ankommt, verlangt Änderungen, Berg ist wütend – und schon gibt es die wildesten Auseinandersetzungen, auf die nur halbherzige Versöhnungen folgen.

In Pepis Wohnung gibt es einen kleinen Galgen aus Bronze, auf dem baumelt danach das Bild Bergs – ehe es von anderen Opfern ihrer Wut abgelöst wird.

Dass sie auch ohne viel Text auskommt, beweist sie in dem Stück »Die gebildete Köchin«, wo sie eine halbe Stunde lang immer wieder ein Lied beginnt: »Es war einmal ein Kupferschmied …« Darüber kommt sie nicht hinaus, aber wie sie das macht, lässt ihr Publikum in Lachtränen schwimmen.

Eine ganz eigenartige Beziehung hat sie zu dem jungen Schriftsteller Max Waldstein. Er hat ein Stück »Die gezogene Kanone« geschrieben, dem Pepi prophezeit, es werde »einmal hintereinander gegeben«. Sie behält Recht. »Sixt es, Dichter«, trumpft sie auf. Trotzdem wünscht sie sich von ihm ein Stück.

Bei ihrer ersten Begegnung mustert Waldstein sie von oben bis unten. »Die Person ist gar nicht schön, eher häßlich, klein, dicklich, aber ein gewisser dämonischer Zug ihrer Augen wirkt«, schreibt er dann.

Die Pepi spürt, wie sie taxiert wird, und fährt ihn an: »Anschauen können Sie mich, verbitte mir aber eine Musterung meiner Reize, als wenn i gleich auf'n Kalblwagen aufgeladen werden sollt und zum Fleischhacker kummat. I bin, wer i bin, und wem i net recht bin, der soll mi …«

Dieses Abschätzen ihrer Erscheinung hat sie von Theaterleuten zu oft erlebt, um es sich gefallen zu lassen. Das ist üblich und nur wenige wehren sich dagegen.

Beschreibungen von Schauspielerinnen durch Agenten lesen sich wie die Anpreisungen von Viehhändlern: »Prächtiges Theaterauge, eminente Zähne, schöner Nacken, guter Busen, sehr schöne Hand.« Pepi hat die Machtverhältnisse geklärt, jetzt kann sie zur Sache kommen. Das Stück, das sie sich wünscht, soll ein fesches Couplet haben. »Den Refrain mach ich schon selber. I bin so a halbe Dichterin und hätt Ideen zu den schönsten Volksstücken, i hab nur nie Zeit.« Sie schüttelt gleich ein paar Titel aus dem Ärmel: »Der Nachtwachter in tausend Ängsten oder Der rote Parapluie. Oder: Der z'samm-krachte Heuboden.«

Das Stück dazu soll Waldstein schreiben. Dann verabschiedet sie sich verheißungsvoll: »Mi gfreut das ganze Leben net, bis i mir wieder an Gschwufen [Geliebten] aufzwick hab. Servus!« Waldstein findet Themen für ein Stück und wird von ihr auf Zwetschkenknödel eingeladen. Sie empfängt ihn nach der Probe in ihrer Wohnung, ohne Mieder, im Unterhemd. Wohin mit den Zwetschkenknödeln, wenn das Korsett drückt. Das muss auch der »anpumperte Chineser« Waldstein kapieren.

Pepi lässt es sich schmecken, Waldstein hat bald genug. »A Liebhaber, der nix essen kann, is nix für mi«, sagt sie abschät-zig. Er wird zwar nicht ihr Liebhaber, aber ein treuer, belast-barer Freund, auch in ihren vielen selbstinszenierten Abstür-zen.

In einem kleinen Buch hat er, mit viel Gespür für ihre Spra-che, seine Erinnerungen an die widerborstige Freundin auf-gezeichnet. Dass sie in Temesvar alles dafür gegeben hätte, wieder in Wien zu spielen, ist längst vergessen. Ihre Bühnen-krachs sind legendär und ihre Disziplinlosigkeit bei Proben desgleichen. Sie hat keine Geduld mit anderen, denen Rollen weniger schnell zufliegen als ihr. Wiederholungen langweilen sie und so vergnügt sie sich, bei Reprisen ihren Text ständig zu verändern, was ihre Gegenspieler aus dem Konzept bringt.

»Die Gallmeyer ist krank«, heißt es nach einer Aufführung, »sie hat tatsächlich alle Stichworte gebracht.«

Direktor Strampfer sorgt dafür, dass auch in Pepis stilleren Zeiten über sie geredet wird. Er streut aus, sie hätte sich in ei-nem Separee sinnlos betrunken und auf der Straße wild ran-daliert. Pepi ist fuchsteufelswild. »I geh also zum Strampfer, zerschlag seinen Schreibtisch, knax an Sessel um und verlang, er soll berichtigen und klagen, sonst geh i in die Donau. Der Strampfer aber lacht darauf und sagt nur: ›Das ist Reklame, mein Kind, Reklame!‹«

Dass man sie benützt, hält sie nicht aus. Revanche muss sein. In einem Stück hat sie eine Schwipsszene. Aber nur bei der Premiere wurde ihr Champagner serviert, danach Schankwein. Das lässt sie sich nicht gefallen. »Hat net knallt«, sagt sie im gefährlichen Unterton. »'S muß aber knallen.«

Und dann erspäht sie Strampfer in den Kulissen, rennt auf ihn zu, holt aus – und dann knallt's. Aber wie! Und gleich darauf aus der Gegenrichtung noch einmal.

Strampfer hat endgültig genug von der Disziplinlosigkeit, der Unverschämtheit seiner Dialekt-Diva. Er zeigt sie wegen der Ohrfeige an und Pepi wird zu einem Tag Polizeiarrest verurteilt.

Auf dem kleinen Galgen in ihrer Wohnung hängt ein neues Bild …

Strampfer und Pepi versöhnen sich, aber die Spannungen bleiben. Zum Unterschied von Pepi ist Strampfer ein kühler Kopf. Er schätzt ihr Vollbluttalent, aber der Preis dafür wird ihm zu hoch.

Durch Informanten weiß er, dass am Berliner Viktoriatheater eine bildschöne, hochbegabte Schauspielerin mit ihrem Direktor im Clinch liegt: Marie Geistinger.

Die holt er nach Wien – als Gegenspielerin der Gallmeyer. Ein in jeder Hinsicht genialer Schachzug. Das Publikum liebt zwar die Gallmeyer nach wie vor als Schauspielerin. Aber ihre skandalösen Ausritte nützen sich mit der Zeit ab. Die Geistinger ist die perfekte Antithese zur volkstümlichen Pepi: eine große, elegante Erscheinung mit erotischer Ausstrahlung, ein Muster an Disziplin und dazu eine Schauspielerin und Sängerin von großer Wandlungsfähigkeit.

Die Geistinger ist – genauso wie die Wolter – ein Typ, der

80

dem neuen Großstadtgefühl Wiens entspricht. Die beiden Frauen geben ihrem Publikum das Gefühl, dass Wien mit den großen Stars in Paris oder London mithalten kann. Das sind Frauen, auf die man stolz sein kann, die man herzeigt, wenn ausländische Besucher kommen.

Die erste Rolle der Geistinger ist die schöne Helena in Offenbachs gleichnamiger Operette, sie ist erst vor kurzem in Paris mit Hortense Schneider uraufgeführt worden und war ein Riesenerfolg. Auch weil dieses Werk genial die Korruption, Promiskuität und die Komik der Mächtigen und Neureichen auf griechische Götter und Menschen überträgt. Aber die moralische Kritik tanzt Cancan, überschlägt sich in mitreißenden Melodien. Jeder im Publikum, der sich dabei wunderbar amüsiert, kann sagen: Damit sind die anderen gemeint.

Das Genie Offenbach fasziniert sogar Friedrich Nietzsche: »Dieser geistreiche und übermütige Satyr mischt französische Musik mit Voltaireschem Geist.«

Wien ist Offenbach wichtig genug, dass er persönlich kommt, um seine »Helena« mit der Geistinger einzustudieren. Es ist die Begegnung zweier ebenbürtiger Theatertemperamente, die gemeinsam eine faszinierende Theaterfigur schaffen. Offenbach erklärt später, die Geistinger sei seine beste Helena.

Die Schauspielerin riskiert einen Balanceakt zwischen offenherziger Frechheit und sittsamer Empfindsamkeit, der die Zuschauer den widersprüchlichsten Gefühlen ausliefert.

Was der Wolter mit ihren schwülen und gleichzeitig moralisierenden Historienstücken auf viel vordergründigere Weise gelingt, wird dank Offenbach und der Geistinger ein witzigverführerischer Tanz der halben Enthüllungen – Striptease vom feinsten.

»Sie kam, ließ sich sehen und siegte«, heißt es über die Geistinger.

Nach der Premiere wird mindestens so viel über die spritzige Musik, das amüsante Libretto wie über die Kostüme der

Geistinger geredet. Sie tritt in einem hochgeschlitzten, griechisch drapierten Gewand auf, das blitzartig ihre – für heutige Begriffe – recht stämmigen Beine zeigt. Natürlich sorgt das Trikot für die unerlässliche Verhüllung.

Die Geistinger hat vom Beginn ihrer Karriere an immer mit vollem körperlichen Einsatz gespielt. Sie liebt Hosenrollen. Carl Blasel, der den Menelaos spielt, nennt sie zärtlich: »Das schlimme Mariedl mit den strammen Hoserln.«

Die Geistinger weiß genau, wie weit sie gehen kann, sie bedient die doppelte Moral ihrer Zeit perfekt und bekommt dafür Kritiken, in denen die »Dezenz ihrer Darbietung« gelobt und sie als »Soubrette in Glacéhandschuhen« bezeichnet wird. Das ist einmal etwas anderes als die vulkanische Gallmeyer mit ihrem aggressiven Humor. Dabei geht auch die Geistinger Risiken ein. Bei der Premiere singt sie eine freche, von der Zensur gestrichene Strophe – und wird dafür bejubelt. Danach bleibt die Stelle gestrichen, aber jeder weiß warum.

Natürlich gibt es auch Attacken im Namen der Sittlichkeit.

Ein Journalist, der sich Hans Jörgel von Gumpendorf nennt, geifert: »Das Schauspiel ist ein Haus der Kunst. Ihr habt es zum Bordell gemacht!« Dass die Geistinger eine Traumsequenz in einem Schleiergewand spielt, wird als »entsittlichende Schenkelparade« verteufelt. Die Geistinger bekommt eine Anzeige wegen »Prostitution auf der Bühne«. Der Polizeidirektor selbst eilt freudig erregt an den Tatort, um notfalls amtlich einzuschreiten. Aber er stellt amüsiert und zufrieden fest, dass die Sittlichkeit gewahrt bleibt. Nach der Premiere am 7. Dezember 1864 ist die Geistinger ein wienerischer Star, der gleich einen Spitznamen bekommt: Offenbachantin.

Nun wird alles, was sie tut und trägt, Mode. Die Wienerinnen lassen sich die Haare à la Geistinger legen, sie schnüren ihre Taille so eng wie sie. Und als bekannt wird, dass sie sogar mit dem Mieder ins Bett geht, um ihre Linie zu bewahren, wird auch das kopiert.

Ein Café »Zur schönen Helena« wird eröffnet. Anziehungspunkt ist ein lebensgroßes Rollenbild der Geistinger. Auf der Rückseite des Bildes ist ihr Akt zu sehen. Ein Verehrer, der von diesem Geheimnis erfährt, schießt zweimal mit der Pistole darauf.

Friedrich Strampfer ist glücklich: Jetzt hat er einen Star, der noch viel attraktiver ist als die Gallmeyer und unvergleichlich handsamer. Er sichert sich die Mitarbeit Offenbachs am Theater an der Wien und hofft auf neue Rollen für die Geistinger. Der Komponist bekommt einen Vertrag über 500 Franken monatlich, dafür muss er pro Jahr ein abendfüllendes Werk und drei Einakter liefern.

Bei der Premiere der »Schönen Helena« sitzt, hinter einem Fächer versteckt, die Gallmeyer in einer Loge. Theatererfahren und qualitätsbewusst, wie sie ist, weiß sie sofort, dass es mit ihrem Monopol als Publikumsliebling an diesem Theater vorbei ist. Die Geistinger spielt in einer anderen Liga, sie setzt Mittel ein, mit denen Pepi Gallmeyer nicht konkurrieren kann. Aber sie ist so ehrlich, Respekt vor dieser Leistung zu haben.

Diese bittere Stunde in der Loge des Theaters an der Wien ist der Beginn einer widerspruchsvollen Beziehung der beiden Frauen. Sie schätzen einander, gehen einander möglichst aus dem Weg, was nicht immer gelingt. Pepi Gallmeyer beobachtet mit Argusaugen, was die Konkurrentin macht, und ahmt vieles nach, was ihr die Geistinger vorlebt – auch wenn sie künstlerisch immer eigene Wege geht.

Nach dem Sensationserfolg der »Helena« stürmt das Publikum die Vorstellung. Direktor Strampfer setzt alle anderen Stücke ab. Pepi hat nicht viel zu tun. Aber dann wird einer der Partner der Geistinger krank, Strampfer muss ein anderes Stück ansetzen. Mit dem altbewährten Zugpferd Pepi.

Das kommt ihr in ihrer schwarzen Laune gerade recht. »Ich bin krank«, erklärt sie. So schwer, dass sie mindestens acht Wochen Schonung brauche.

83

Strampfer glaubt ihr kein Wort, schickt ihr ein ganzes Ärztekollegium, das Pepi bei strahlender Gesundheit vorfindet.

Das soll Pepi 2000 Gulden Pönale kosten. Es kostet Pepi nichts als einen Lacher! Im Carltheater wartet der neue Direktor Carl Treumann nur darauf, dass sie frei wird. Die Pönale zahlt er mit Freuden für sie.

Pepi hat einen Abgang mit Pauken und Trompeten, ganz so, wie sie es liebt. Und sie kann einer Konfrontation mit der Geistinger ausweichen, ohne das Gesicht zu verlieren.

In der Leopoldstadt rollt man ihr den roten Teppich aus. Mit kurzen Unterbrechungen bleibt sie sechseinhalb Jahre am Carltheater, an dem sie Nestroy nicht mehr haben wollte. Auch das ist ein Triumph für sie.

All diese Erfolgserlebnisse bringen sie in Hochform. Sie erobert das Publikum im Sturm. Egal, wie dumm die Stücke sind, wenn die Pepi sie spielt, ist das Theater voll.

Die Jahre bis 1872 sind der Höhepunkt ihrer Karriere – und der Ruin ihrer Selbstkritik. Die Macht, die sie über das Publikum hat, verstellt ihr den Blick auf die Realität. Sie gibt den extremsten Launen nach, sie leistet sich jede mögliche Disziplinlosigkeit, sie torpediert Proben. Und wenn jemand im Publikum ist, den sie mag, dann spielt sie einen ganzen Abend nur für ihn und kümmert sich nicht um die anderen.

Das Publikum verzeiht seinem verzogenen Liebling immer wieder. Niemand vermag Menschen so hemmungslos zum Lachen zu bringen, dafür nimmt man einiges in Kauf.

Die Gallmeyer verdient Riesenbeträge, aber das Geld rinnt ihr zwischen den Fingern davon. Sie lebt aufwendig, muss, wie alle Schauspielerinnen dieser Zeit, ihre Kostüme selbst bezahlen, und es ist ihr Ehrgeiz, niemals das gleiche Kostüm in zwei verschiedenen Stücken zu tragen.

Die Geistinger ist ihr auch hier ein Vorbild. Die Wienerinnen gehen in die Premieren der beiden Gegenspielerinnen auch, um sich modisch zu inspirieren. Manchmal schicken sie ihre

Hausschneiderinnen, um die Bühnentoiletten vereinfacht nachschneidern zu lassen.

Während die Gallmeyer in einem wahren Furioso – neben ihrem Engagement am Carltheater – Gastspiele quer durch Europa absolviert, hat die Geistinger für sich eine neue Rolle entdeckt: Sie wird 1869 Direktorin am Theater an der Wien. Friedrich Strampfer gründet in den Räumen des ehemaligen Musikvereines in der Wiener Tuchlauben ein eigenes Theater. Die Geistinger, die ihren Erfolg mit Offenbach-Operetten fortsetzt, ist klug genug, sich nicht auf Bewährtes festzulegen. Sie weiß, was sie kann, und sie weiß, dass sie leichter ein neues Rollenfach erobert, wenn sie selbst das Repertoire bestimmt.

Gemeinsam mit Max Steiner übernimmt sie die Leitung des Theaters und führt es mit ihm bis 1875.

Max Steiner ist es, der für sie eine Rolle entdeckt, die ihr niemand zugetraut hätte. Unter den vielen Stücken, die eingesandt wurden, ist eines, das Steiner auffällt: »Der Pfarrer von Kirchfeld.« Es ist ein wirkungsvolles Stück rund um einen liberalen Pfarrer, der aus Menschlichkeit in seinem Beruf scheitert – in der Zeit der Konkordatskämpfe ein hochaktuelles Thema. Der Autor nennt sich: L. Gruber.

Der Geistinger gefällt die Rolle der Anna Birkmeier, einer Waise, die beim Pfarrer Dienstmagd ist. Ein größerer Kontrast zur flirrenden Erotik der schönen Helena lässt sich nicht denken.

Der Autor wird ins Theater gebeten und entpuppt sich als Mann mit vielen Eigenschaften und einem anderen Namen: Ludwig Anzengruber. Er war Buchhalter, Schauspieler, Journalist und Polizeibeamter. Nach seiner »kummervollen Komödiantenodyssee auf dieser prosaischen Dreckskugel« hatte er nicht mehr mit seinem Erfolg als Dramatiker gerechnet.

Das Publikum weint, lacht, tobt, als die Geistinger als innig beseeltes Annerl im züchtigen Dirndl Anfeindungen und Ver-

leumdungen erträgt. Und als sie singt: »Darf ich's Büabl liaben?«, ist es um die Wiener geschehen. Das naive Lied mit
dem Text Peter Roseggers und der Musik Adolf Müllers ist
der größte Erfolg des Abends.

Nach der Premiere am 5. November 1870 wird der »Pfarrer
von Kirchfeld« einundzwanzigmal en suite gespielt. Die Geistinger bezaubert ihr Publikum mit einer Treuherzigkeit, die
ihr keiner zugetraut hätte. Ein säuerlicher Journalist schreibt,
sie müsse wohl jetzt Buße tun »für alle Cancans, alle Lieder-
lichkeiten, Überpfefferungen und sündigen Operetten«.

Ludwig Anzengruber schreibt nach diesem Erfolg Stück auf
Stück: »Der Meineidbauer«, »Die Kreuzelschreiber«, »Der
G'wissenswurm«, »Das vierte Gebot«. Und fast alle weiblichen Hauptrollen spielt als Erste Marie Geistinger. Sie gastiert
damit sogar in Deutschland, aber den ziemlich artifiziellen
Dialekt Anzengrubers versteht man hier nicht. Bei der Premiere von »Der Pfarrer von Kirchfeld« sitzt Pepi Gallmeyer
tief betroffen in ihrer Loge. Nach dem Lied »Darf ich's Büabl
liaben« rennt sie verzweifelt aus der Loge. »Für mi wird so
was Schön's net g'schrieben – i muß alleweil der Wurschtl
sein!« Aber sie spielt der Geistinger das Annerl nach und gibt
ihm eine Wahrhaftigkeit und Tiefe, die dem Publikum sehr
nahe geht. »Die Gallmeyer ist das größte schauspielerische
Genie Wiens«, schreibt Eduard von Bauernfeld.

Anzengruber freundet sich mit Pepi Gallmeyer an und gibt
schließlich ihrem Drängen nach, eine Rolle nur für sie allein
zu schreiben. Es vergehen allerdings Jahre, bis es so weit ist.

1878 wird »Die Trutzige« mit Pepi in der Hauptrolle aufgeführt. Anzengruber hat Maßarbeit geleistet und Pepi kann alle Register ihres großen Könnens ziehen. Vor der Premiere
schreibt ihr Anzengruber: »... wenn wir beide wollen, was
wollen dann die armen Hascher in Parterre, Loge oder Gale-
rie machen, als entzückt oder gerührt sein, wie es uns anficht
– und applaudieren?! Die g'hören uns!«

Und sie gehören ihnen, mit Haut und Haar! Pepi ist selig, sie betet den Mann an, der ihr endlich den richtigen Stoff liefert. Bei einer Lesung lässt sie sein Pult mit einem Lorbeerkranz schmücken. Anzengruber nimmt ihn zerlegt heim und lässt ihn von einem »kunstfertigen Rastelbinder« wieder zusammensetzen. Er schwört ihr, neue Rollen für sie zu schreiben. Aber »Die Trutzige« bleibt die einzige. Pepi wird diese Glanzrolle immer wieder spielen.

Inzwischen ist ihr aber die Geistinger neuerlich einen Schritt vorausgeeilt. Sie hat nun zur Genüge bewiesen, dass sie den Ländler genau so perfekt beherrscht wie den Cancan. Etwas Neues muss her. Es trifft sich, dass zu dieser Zeit Jetty, die Frau von Johann Strauß, alles in Bewegung setzt, um seinem Leben eine neue Richtung zu geben. Johann Strauß rast – ein früher Pop-Star – quer durch Europa von einem Konzert zum anderen. Seine Musik elektrisiert das Publikum, aber Jetty meint, dass er mindestens so gut Operetten komponieren könnte wie Offenbach. Heimlich lässt sie einen Straußwalzer mit Texten unterlegen und verbündet sich mit der Geistinger, dass sie ihn Johann Strauß vorsingt. Die Geistinger bündelt ihren beträchtlichen Charme und singt und spielt den Walzer so überzeugend, dass Johann Strauß einwilligt, rundherum eine Operette zu komponieren. Die beiden Frauen triumphieren.

Und bald kann die Direktorin Geistinger eine Sensation ankündigen: die erste Operette von Johann Strauß, »Indigo und die vierzig Räuber«. Natürlich mit der Geistinger als Star.

Die Wiener stehen Schlange, um bei der Premiere dabei zusein, und klatschen schon, als der Vorhang aufgeht und eine prunkvolle orientalische Szenerie enthüllt. Die Geistinger, wieder einmal mit vollem Körpereinsatz in märchenhaften Kostümen, gewinnt ihr Publikum gleich beim ersten Auftritt. »Indigo« ist ein Fleckerlteppich dümmlicher Texte und ein

87

Brillantfeuerwerk musikalischer Einfälle. »Offenbach hätte daraus drei Opern gemacht«, stellt der Geistinger-Biograf Emil Pirchan fest. Johann Strauß dirigiert selbst und erlebt, wie das Publikum vor Begeisterung tobt, immer wieder Zugaben verlangt und dann wochenlang die Kassen stürmt. Jetzt ist er bereit, auf diesem Weg weiterzugehen.

Der Börsenkrach von 1873 reißt das Wien der Gründerzeit aus seiner optimistischen Aufbruchsstimmung. Zu viele Spekulanten waren daran beteiligt. Unter den vielen, die ihr Vermögen verlieren, ist auch Marie Geistinger. Sie hat immer überdurchschnittlich gut verdient und sich viel zur Seite gelegt. Ihre Aktien sind über Nacht wertlos. Jetzt braucht sie mehr denn je einen großen Erfolg. Johann Strauß ist bereit, ihn zu liefern. In nur sechs Wochen vollendet er die »Fledermaus«. Alle am Theater fiebern der Premiere entgegen. Diesmal stimmt auch das Libretto und die Musik ist ein Geniestreich. Natürlich singt Marie Geistinger die Rosalinde. Aber sie möchte mehr Text. »Wenn so lang nix geredet wird, ist dem Publikum fad.«

Johann Strauß ist dafür nicht zu haben. Ihm fällt noch während der Proben dauernd etwas Neues ein. Auch für die junge Schauspielerin der Adele. Und weil die Geistinger alle Hits selbst singen will, studiert Johann Strauß die Arie der Adele mit der Sängerin heimlich ein. Und während die Geistinger sich umzieht, räumt die andere den Applaus ab.

Aber seltsamerweise, der ganz große Erfolg ist diese Premiere nicht, trotz der vielen eingängigen Melodien. Die Wiener werden blasiert – verwöhnt von all dem Wohlklang, den vielen Einfällen des Johann Strauß.

Kurz darauf wird die »Fledermaus« in Berlin und Paris ein Sensationserfolg. »Weltmusik« ist das, schreiben die Kritiker.

Inzwischen ist Pepi Gallmeyer mit Verspätung wieder den Spuren der Geistinger gefolgt: Auch sie wird Theaterdirektorin. Ihr alter Freund und Gegenspieler Strampfer hatte auf der

Tuchlauben 12 ein bezauberndes Logentheater mit 600 Plätzen geschaffen. Mit bewährtem Griff engagierte er den jungen Alexander Girardi und – allen Krachs zum Trotz – den Publikumsmagneten Pepi Gallmeyer.

Aber die Zeiten sind schlecht, der Börsenkrach hat Geld und Courage vernichtet, nur wenige sind in Stimmung, ins Theater zu gehen. Strampfer geht in Konkurs und Pepi Gallmeyer übernimmt gemeinsam mit dem Dramatiker Julius Rosen die Direktion.

Endlich wird jetzt geschehen, was sie anschafft! Direktoren haben sie bisher ausgenützt und ausgetrickst, sie sind ihr Gage und Respekt schuldig geblieben. Damit soll es jetzt vorbei sein. Zum ersten Mal hat sie durch ihre unzähligen Gastspiele ein schönes Vermögen als Rückhalt. Sie sieht ihrer neuen Aufgabe optimistisch entgegen.

Das Ensemble ist nicht groß, aber ihr Name hat noch immer starke Anziehungskraft. Die Idee, einen Autor als Mitdirektor zu wählen, erweist sich nicht als besonders glücklich. Rosen drückt seine Stücke ins Programm und die findet das Publikum lange nicht so gut wie er.

Die Gallmeyer spielt um ihr Leben. Sie steht jeden Abend, oft in mehreren Rollen, auf der Bühne, sie verströmt ihre Herztöne und ihre Frechheit, sie tanzt und singt mit all ihrem Feuer. Aber das Publikum bleibt aus.

Die Preise werden herabgesetzt, die Plakate in immer grelleren Farben gedruckt. Die Inszenierungen werden immer spektakulärer. Mit einer Zirkusnummer, die ihren vollen körperlichen Einsatz verlangt, feiert Pepi Gallmeyer ihren hundertsten Bühnenauftritt im Strampfertheater. Ein Regen aus hundert bunten Bouquets kommt aus dem Schnürboden. Julius Rosen überreicht ihr einen riesigen Lorbeerkranz: »Dem besten Mitgliede Josefine Gallmeyer.« Die klarsichtige und scharfzüngige Pepi merkt nicht, dass so viel Eigenlob Widerspruch herausfordert. Das Publikum macht sich über sie lustig.

Die finanzielle Situation verschlechtert sich dramatisch, eine Kooperation mit der Komischen Oper, dem späteren Ringtheater, wird überlegt.

Pepi Gallmeyer ist nervös, und wenn sie nervös ist, fliegen die Fetzen. Als Girardi selbstbewusst eine höhere Gage verlangt, fährt sie ihn an: »Seit wann san S' so a großer Künstler, daß die Leut Ihretwegen ins Theater rennen?«

Girardi bleibt ihr nichts schuldig. »I kenn a große Künstlerin, deretwegen die Leut scho lang net ins Theater rennen.«

Dreht sich um und geht zur Geistinger, die ihn in ihrem Ensemble haben will. Dort wird er rasch zu einem der besten Strauß-Interpreten.

Eigentlich hätte Pepi Gallmeyer wissen müssen, was auf sie zukommt. Lange bevor sie Direktorin wurde, gab es schon Gerüchte darüber. Und damals dichtete sie spontan eine Zusatzstrophe zu einem Couplet in Offenbachs »Pariser Leben«:

»A ganz neuches G'schäft wolln S'
In Wien mir verehrn,
I soll, schreibt die Zeitung,
Direktorin wern.
Doch tut sie die Zeitung
Gewaltig da irrn,
Denn da müßt i ja nachher
Mi selber sekkiern.«

Sie sekkiert sich gewaltig. Jeden Abend steht sie auf der Bühne, tagsüber ist sie auf der Suche nach neuen wirkungsvollen Stücken – und wird dabei von Julius Rosen behindert, der seine eigenen unterbringen will.

Und dann heißt es eines Tages, dass es nicht mehr so weitergehen kann – die Schuldenlast des Theaters ist nicht mehr abzutragen. In dieser Situation beweist sie ein Verantwortungsgefühl und eine Selbstlosigkeit, die alle erstaunt. Die Schauspieler bekommen die volle Gage, die Gläubiger werden ausbezahlt. Und dann sperrt sie zu.

Josefine Gallmeyer

Ihr Vermögen von 100 000 Gulden ist sie los. Nie wieder wird sie sich solche Reserven schaffen können. Auch die elegante Wohnung, die sie sich in der Tuchlauben einrichtete, muss dran glauben. Die Möbel, die sie liebevoll zusammentrug, werden gepfändet. »Schiache Mohrenpemperln, Powidlköpf, damische«, schimpft sie den Exekutoren im besten Nestroystil hinterher. Und muss gleich darauf wieder lachen.
Kleider, Möbel, Geschirr, Teppiche und Bilder sind zwar weg, aber ein paar Polster auf dem Boden sind ihr geblieben. »Bin i eben türkisch eing'richt«, sagt sie zu ihrem Freund Max

Waldstein. Auch ihr luxuriöses Himmelbett ist weg. Sie besorgt sich eine einfache Bettstatt beim Trödler. »Wer da bei mir im Bett liegt, is sowieso im Himmel!«

Vom letzten Geld bestellt sie brieflich einen Lotteriezettel. Waldstein kommt dazu, ehe sie ihn aufgibt, und nimmt ihr den Brief ab. Am nächsten Tag fordert sie die 50 Gulden wieder zurück, kauft Lungenbraten, Wein und Dessert und macht ein Fest für ihre Freunde.

Dann geht sie auf Tournee quer durch Deutschland und die Monarchie, um wieder Geld zu verdienen.

Zwischen dem Ende ihrer Direktion am Strampfertheater 1875 und ihrem frühen Tod 1884 rotiert sie zwischen Auftritten am Wiener Carltheater und dem Theater an der Wien und Prag, Innsbruck, Berlin, Brünn, Budapest, Graz, Triest, Klagenfurt. Frankfurt am Main, Breslau – und New York, Chicago, Philadelphia, Cincinati und vielen anderen Städten.

Sie muss sich wieder eine Wohnung schaffen und sie auch schön einrichten, das ist ihr immer äußerst wichtig. Ihre letzte Wohnung in der Wiener Praterstraße ist im Makartstil eingerichtet mit viel Plüsch, reich geschnitzten Möbeln, mit einem türkischen Badezimmer, einem farbig beleuchteten Wasserfall im Salon, Stellagen mit Bildern aller europäischen und amerikanischen Staatsmänner und ihrer Frauen. Und natürlich mit dem berühmten Galgen für ihre Feinde – den hat sie über alle Pfändungen hinweg gerettet.

Ihr Leben zwischen der Jagd nach Geld und dem exzessiven Vergnügen, das sie zur Entspannung braucht, wird immer hektischer. Kein Wunder, dass ihr der Theaterbetrieb auf die Nerven zu gehen beginnt.

»Glauben S' i wär herkommen, wenn i 500 Gulden hätt?«, sagt sie ihrem Publikum in Karlsbad. »I hab aber nix und so muß i gastieren.«

Ihre Versuche, ihre Verschwendung einzubremsen, sind grotesk. Immer wieder vertraut sie Freunden größere Summen

92

an und beschwört sie, ihr das Geld auf keinen Fall zu geben, weil sie es ja doch nur verpulvert. Aber dann will sie es am nächsten Tag zurückhaben und droht mit der Polizei, wenn sie es nicht kriegt. Natürlich bekommt sie das Geld – und macht den Freunden Vorwürfe, dass sie es ihr gegeben haben. Das mit der Polizei sei nur ein Spaß gewesen.

Es ist in dieser Zeit durchaus üblich, Schauspielerinnen ein Geldkuvert zu schicken mit der Einladung, sich die restliche Summe nach der Vorstellung im Separee abzuholen. Aber mit der Gallmeyer kann sich das keiner erlauben, so pleite kann sie gar nicht sein.

Als ihr ein englischer Diplomat ein Bündel Banknoten mit einer Einladung zum Souper schickt, tobt sie lautstark, was denn dieser »englische Radibua, der übers Meer zugelaufene Pascha« glaube.

Max Waldstein soll sich mit dem Kerl duellieren. Als er das ablehnt, nennt sie ihn »Waschlappener Scheinfreund, von denen es Dutzend um einen Kreuzer gibt«.

Waldstein schlägt vor, das Geld wortlos zurückzuschicken.

Pah, sie doch nicht, die Großmeisterin des Privatdramas!

Der Engländer findet einen eleganten Ausweg: Pepi möge doch das Geld unter den Armen verteilen. Das ist ihr Fall.

»Schenken tu i lieber als nehmen.«

Diese übergroße Bereitschaft, anderen zu geben, viel zu reiche Geschenke zu machen, mag mit ihrem Zweifel am eigenen Wert zusammenhängen. Man hat ihr zu lange versichert, dass sie nicht schön ist und dass eine Schauspielerin, die nicht schön ist, nichts darstellt. Die muss eben zahlen, um anerkannt, geliebt zu werden. Geld ist zudem ein leicht verfügbares Pflaster, um die Schäden ihres hemmungslosen Temperaments wieder gutzumachen. Wenn Männer, die von ihrem Witz und ihrer Ehrlichkeit angezogen sind, mit teuren Geschenken kommen, brüskiert sie sie so wie jenen Börsenspekulanten, dessen teuren Schmuck sie unter ihren Kolleginnen verteilt. Bezahlen läßt sie sich nicht. Ihren Schmuck, ihre Garderobe, ihre Wohnungen und Reisen zahlt sie selbst. Aber es stört sie nicht, Männern, die weniger verdienen als sie, finanziell unter die Arme zu greifen. Männer spielen in ihrem Leben eine wichtige Rolle, auch wenn ihre Beziehungen nie lange halten.

Ilka Horovitz-Barnay, die Frau des von Pepi tief verehrten Schauspielers Ludwig Barnay, nennt sie den »Prototyp eines weiblichen Don Juan«. Pepi ist für sie das »merkwürdigste Frauenzimmer, das je gelebt«. Alles an ihr ist übergroß und extrem.

Auch die Geistinger ist kein Kind von Traurigkeit, aber die Gallmeyer übertrumpft sie mit der Zahl ihrer Liebhaber.

Einer von ihnen, Sohn ungarischer Gutsbesitzer, ist noch so jung, dass er mit der Verlobung auf die Erlaubnis seiner Eltern warten müsste. Ein anderer Aristokrat schickt ihr körbeweise Blumen auf die Bühne, als sie die Handschuhmacherin Gabrielle in Offenbachs »Pariser Leben« spielt. Das gibt ihr einen gewaltigen Adrenalinstoß, der sie in jeder Hinsicht beflügelt. Von der Bühne verkündet sie via Couplet:

»Mei Schatz is a Hoher,
A Sängerin bin i,
Und weil's jetzt modern is,
Vielleicht heirat' er mi.
Er lauft sie die Füaß ab,
und tut alle Schritt' –
I glaub aber allerweil,
M e i Familie leidt's nit ...«

Während Geistinger höchst diskret ihr amouröses Leben führt, posaunt die Pepi alles in Theaterlautstärke heraus – Dichtung und Wahrheit.

Sie ist dauernd verliebt und alle ihre frechen Sprüche können nicht darüber hinwegtäuschen, dass sie sich nach der einen Liebe statt der vielen Liebeleien sehnt. Sie verlobt sich mit ihrem ebenso schlagfertigen, flinkzüngigen Kollegen Franz Tewele – und verlässt ihn wieder. Mit Alexander Girardi hat sie eine kurze Affäre. Bei Franz Jauner wäre es fast ernst geworden. Jauner ist eine der interessantesten Theaterpersönlichkeiten der Gründerzeit – ein Freund Richard Wagners. Manchmal führt er an fünf Theatern gleichzeitig Regie und vereint die Direktionen von Hofoper und Ringtheater. Wien verdankt ihm die erste Aufführung von Wagners »Ring des Nibelungen«, die deutschsprachige Uraufführung von »Carmen« und die erste Maskenredoute der Oper.

Aber er wird auch für den verhängnisvollen Brand des Ringtheaters, bei dem 386 Menschen umkamen, haftbar gemacht und zu einer Gefängnisstrafe verurteilt. Danach scheint seine Karriere am Ende zu sein. Aber mit Hilfe der Geistinger kommt er ans Theater an der Wien, wo er eine Reihe glanzvoller Inszenierungen macht, den »Zigeunerbaron« und einige Millöcker-Operetten uraufführt. Danach, als Regisseur und Direktor des Carl-Theaters, kommt er in schwerste finanzielle Krisen und bringt sich im Februar 1900 um.

Jauner, ein überaus attraktiver, sinnlicher Mann, gefällt der Gallmeyer sehr, und auch ihn mag ihre Originalität, die Direktheit ihrer Gefühle angezogen haben. Aber so wenig, wie er ein Mann für ein Theater allein ist, begnügt er sich mit der Bezauberung durch eine einzige Frau. Dass die andere – oder eine der anderen – Marie Geistinger ist, trifft Pepi Gallmeyer zutiefst.

»Operette«, einer der reizvollsten Filme Willi Forsts, handelt von der Liebe Jauners zur Geistinger. Willi Forst spielte selbst die Rolle des Franz Jauner.

Heiraten war für Pepi Gallmeyer lange Zeit kein Thema. Um aus einem Vertrag mit dem Carltheater herauszukommen, hatte sie an eine Scheinehe mit einem Kollegen gedacht. Allerdings ohne zu bedenken, dass eine Eheschließung nur von Seiten des Theaters als Vertragsbruch eingeklagt werden konnte. Bei einer so erfolgreichen Schauspielerin wie der Gallmeyer wäre das sicher nicht der Fall gewesen. Das unüberlegte Unternehmen endet als Misserfolg: Pepi schreckte doch vor der Heirat zurück, der Kollege klagte sie wegen gebrochenen Eheversprechens (und des damit verbundenen Honorars). Und Anton Ascher, Direktor des Carltheaters, hat für Pepi nur Verachtung übrig: »Das ganze Leben der Gallmeyer ist eine Kette von Betrügereien.«

Damit scheint das Thema Heirat für Pepi Gallmeyer erledigt zu sein. Aber 1877 heiratet plötzlich die Geistinger. Ihr Mann, August Kormann, ist Schauspieler, sechzehn Jahre jünger und um zwei Köpfe kleiner.

Im selben Jahr lernt Pepi Gallmeyer in Hamburg den feschen, fünf Jahre jüngeren Franz Siegmann kennen, einen norddeutschen Schauspieler, der auf kernige Naturburschen spezialisiert ist. Es funkt zwischen den beiden auf den ersten Blick, Siegmann fährt Pepi in ihr nächstes Engagement nach – sie ist im siebenten Himmel. Und beschließt ihr Leben von Grund auf zu ändern. Schluss mit Verschwendung und Schlamperei und selbstzerstörerischen Aggressionen.

Mit der Wolter, diesem Musterbild an Wohlanständigkeit, unterhält sie sich, ob sie ihrem Mann ihr turbulentes Vorleben beichten soll. Die Wolter meint, das wäre wohl angebracht. Allerdings – Mut gehöre schon dazu.

»Und – Gedächtnis!«, stöhnt die Gallmeyer.

Tatsächlich ist die wilde Pepi nach ihrer Hochzeit wie verwandelt. Sie spart, sie wird häuslich, ordnet sich ihrem Mann in allem unter. Sogar Mutterrollen möchte sie, knapp vor ihrem vierzigsten Geburtstag, spielen. Die oberflächlichen Possen und Parodien gehen ihr auf die Nerven.

Sie tritt hauptsächlich in Norddeutschland auf, um in der Nähe ihres herzkranken Mannes zu sein. Er lebt aus Gesundheitsgründen in dem Dorf Reinbek bei Hamburg, das Großstadtleben verträgt er nicht. Ein hartes Los für Pepi, die im-

96

mer Wirbel, Geselligkeit, Ablenkung braucht. Aus Heimweh nach Wien lässt sie sich sogar die Würstel vom Fleischhauer Weißhappel am Petersplatz schicken.

Zwischendurch tritt sie in Wien auf und wird mit Ovationen empfangen, mit Blumen überschüttet. Nach der Vorstellung geht sie weinend vor den Vorhang, um sich für immer zu verabschieden – sie müsse bei ihrem kranken Mann bleiben.

Aber dann bekommt sie ein Engagement in Graz und begegnet dem hochbegabten jungen Komiker Willi Thaller. Er ist sechzehn Jahre jünger als sie, witzig, einfallsreich und er erobert sie im Sturm. Wahrscheinlich hätte sie diese Affäre ihrem Mann verheimlichen können, aber das liegt ihr nicht. In einem Brief schreibt sie Franz Siegmann, dass sie ihn betrogen habe und um die Scheidung bitte.

Franz Siegmann kommt dieser Brief gerade recht. Er braucht Geld, verlangt für die Scheidungseinwilligung 30 000 Mark. Und bekommt sie. Dann verkauft er auch Pepis Möbel und behält das Geld. Später erfährt die Gallmeyer, dass er während ihrer Ehe eine Geliebte hatte und beträchtliche Schulden in einem Bordell.

Im gleichen Jahr lässt sich auch die Geistinger scheiden. Pepi Gallmeyer hat jetzt auch von ihrer Beziehung zu Willi Thaller genug, der Altersunterschied ist ihr zu groß. Aber er beschwört sie, bei ihm zu bleiben. Sie gibt nach. Und stellt darauf fest, dass auch er sie betrügt.

Das hält sie nicht aus. Sie stürzt sich in die Arbeit, wirbelt in Gastspielreisen quer durch Europa. Und holt ihren alten treuen Freund Max Waldstein als Begleiter ihrer turbulenten Vergnügungen.

Wie die aussahen, schildert er am Beispiel einer endlosen Tour durch das nächtliche Wien. Sie beginnt im Meidlinger Theater im Theresienbad, einem urkomischen Vergnügungsetablissement, in dessen Logen man auch Schwefelbäder nehmen konnte. Auf dem Programm steht »Kabale und Liebe«, gespielt von kunstsinnigen Bürgern vom Grund, die für ihren Auftritt 10 Gulden bezahlen. Den Wurm spielt ein sächselnder Handschuhmacher aus Mariahilf, die böhmische Wirtschafterin eines Selchers ist die Luise. Der Ferdinand ist winzig klein, hat einen Buckel, den er mit einem umgeschnallten Polster kaschiert. Pepi kauft alle Karten auf, stellt sich als Aufreißerin vors Theater. »Hereinspaziert, hier spielt kein Sonnenthal, aber der Herr Kraplitschek, kein Lewinsky, aber einer, der noch häßlicher ist, keine Wolter, aber eine Landsmännin von euch – ihr seid doch lauter Böhmen!«

Dann verteilt sie die Karten unter Schusterbuben, Gassenkindern und Wäschermädeln, die das Theater bald füllen.

Der Pianist spielt den »Lieben Augustin«, Pepi will aber was Trauriges hören.

Die Tragödie nimmt ihren Lauf, das Publikum lacht sich kaputt. Pepi redet von ihrer Loge hinunter zur Bühne, die Schauspieler reden herauf zu ihr, das Ganze endet im Tumult. Danach geht es weiter ins Gasthaus Engel auf der Wieden, wo die berühmte Volkssängerin Antonie Mansfeld mit unbewegter Miene die zotigsten Lieder singt. Damit hat sie sich 60 000 Gulden und zwei Häuser ersungen. Die Pepi applaudiert ihr begeistert. Weiter geht es nach Neulerchenfeld, wo der Habertonl singt, ein Tunichtgut, der jodeln kann wie keiner in Hernals und Ottakring. Mit den Daumen in der Westentasche und halbgeschlossenen Augen geht er auf die Pepi zu. »Spielts an Harben«, sagt er zur Musik. »Und jetzt geht's los. Kimm her, g'spreizter Schragen!«

Die Gallmeyer fletscht die Zähne in einem gewaltigen Lachen, wendet sich zum Wirt: »Schick ihn mir amal, wann er nüchtern und g'waschen is!«

Der Habertonl erbleicht und die Pepi ist schon wieder draußen, im Fiaker, zu einer Mondscheinfahrt in den Prater. Max Waldstein und eine Kollegin Pepis immer mit dabei.

Auf der Hauptallee deklamiert die Gallmeyer Schiller und

Goethe, weint ein bissl und wird gleich wieder realistisch: »Wenn ich nur soviel Dukaten in meiner eisernen Kasse hätt als Sterne in einer einzigen Milchstraße herumspazieren. Ach, so eine Milchstraße, himmlischer Millimeier, laß auf mich heruntertröpfeln!« In ihrer Wohnung in der Praterstraße wird weitergefeiert, bis die beiden Gäste fast zusammenbrechen. Dann sperrt Pepi Gallmeyer sie um vier Uhr früh in ihrem Salon ein und geht zufrieden mit dem gelungenen Abend ins Bett …

Ihre Beziehung zur Geistinger ist ziemlich aufgeladen, was die viel ausgeglichenere Gegenspielerin kaum merkt. Das Publikum spürt diese Spannung und heizt sie von sich aus an. »Geistmeyer contra Gallinger«, heißt es. Und Pepi Gallmeyer erfährt, dass die Geistinger-Fans sie eines Tages auspfeifen wollen. Sie geht mitten im Stück an die Rampe, ringt die Hände und weint: »Soviel schlecht bin i heut, die reinste Schepperstimme hab i. Liebe Leutln, machts mir einen Gefallen: pfeifts mi aus. I hab's verdient.« Und wieder einmal steckt sie das Publikum in den Sack, erobert es durch Witz und Frechheit.

Die Geistinger hat Pepi Gallmeyer gegenüber eine gelassene Einstellung, sie respektiert ihr Können und kann es sich leisten, ihr gegenüber großzügig zu sein. Als der Schriftsteller Held für sie die volkstümliche Rolle einer jungen Näherin schreibt, stellt sie fest: »Das trifft die Gallmeyer besser.« Aber jeder, der die Gallmeyer kennt, prophezeit einen Riesenskandal, wenn man ihr die Rolle als zweiter Schauspielerin anbietet. »Die wird jedem das Buch an den Kopf schmeißen!« Girardi, mit dem die Gallmeyer im Moment auf gutem Fuß steht, wird als Kurier ausgeschickt. Vorsichtig nähert er sich der explosiven Pepi mit dem Rollenangebot. Und ehe er noch den Kopf einziehen kann, fällt sie ihm um den Hals – gerührt, glücklich, versöhnt. »Und ich hab Ihnen für einen Feind gehalten«, sagte sie später zur Geistinger. Sie spielt »Die Näherin« mit großem Erfolg und sagt dem Autor: »Sie haben bestimmt nur an mich gedacht, die Geistinger ist die Gesellschafterin, die Näherin, die nicht lesen kann, das bin ich!«

Die Geistinger hat gezeigt, dass sie in französischen und wienerischen Operetten, als Bauerndirndl und als Theaterdirektorin Erfolg hatte. Jetzt will sie etwas ganz Neues erproben. Sie hat genug von den leichten Siegen. Die in Wien so allgegenwärtige Sehnsucht nach dem Höheren treibt sie weiter. Am Stadttheater wartet ein Mann auf sie, der berühmt für seine ungewöhnlichen Rollenbesetzungen ist: Heinrich Laube.

Er ist der gebildetste und engagierteste unter den Wiener Theaterdirektoren: politischer Schriftsteller, der für seine Ideen von Freiheit und Demokratie in Deutschland ins Gefängnis ging, 1848 Mitglied der Deutschen Nationalversammlung war und bald darauf als Direktor des Hofburgtheaters nach Wien geholt wurde. Berühmte Schauspieler wie die Wolter, Sonnenthal, Lewinsky, Gabillon bekamen in seiner Direktionszeit künstlerisch anspruchsvolle Rollen. Laube war ein hervorragender Dramaturg, der seine Erfahrungen in dem Buch »Das Burgtheater« sammelte. Ein Feuerkopf wie er konnte allerdings auf die Dauer nicht das Beamtendenken der k. k. Generalintendanz ertragen, er kündigte und kam auf Umwegen wieder nach Wien zurück, um das Stadttheater zur aufregendsten Bühne Wiens zu machen.

Die Wiener kommen in Scharen dorthin, um ihre Lieblinge in gewagten Fachüberschreitungen zu sehen. 1876 können sie das ungewöhnlichste Debüt erleben: Die Geistinger, die frivole, spritzige »Wolter der Operette«, fordert die Burgtheaterheroine in ihrem ureigensten Fach heraus. Die Antrittsrolle von Marie Geistinger ist die Königin Elisabeth I. von England in »Essex«. Die opulente, mondäne Schönheit als jungfräuliche Königin – die Theaterfans platzen vor Neugier. Aber anders als die Schillersche Elisabeth kann diese Königin von

England Liebe und Leidenschaft zeigen, tragischen Verzicht und hoheitsvolle Machtentfaltung. Die Geistinger gestaltet diese Figur perfekt. »Eine Tragödin voll Anmut, Kraft und Schönheit wurde geboren«, jubeln die Kritiker.

Nacheinander erobert sie die großen klassischen Frauenfiguren: Sappho, Medea, Maria Stuart, Iphigenie.

In einer Wiener Zeitung erscheint eine Karikatur: Direktor Heinrich Laube näht der Geistinger das hoch geschlitzte Gewand der Helena zu, um eine keusche Iphigenie aus ihr zu machen.

Nicht alle sind von der Geistinger begeistert. Satiriker machen sich über ihr allzu bemühtes Bühnendeutsch lustig. »Ihr glicklüchen Getter. Ihr glottzingügen Liegner«, parodieren sie ihren Sprechstil. Und ihre Medea sei ein »altgriechisches Weib aus dem Volke vor der Linie«. (Der Linienwall, im Bereich des heutigen Gürtels, trennte die stadtnahen Vorstädte Wiens von den entlegeneren Vororten.) Aber mit dieser Kritik konnte die Geistinger leben. Stand ihr doch der Ausruf des berühmtesten Charakterdarstellers der deutschsprachigen Bühne, Josef Kainz, gegenüber: »Das Frauenzimmer ist ein Genie!«

Auch den kritischen Schriftsteller Robert Neumann beflügelte sie zu einer sehr ungewöhnlichen Erinnerung. 1961 schrieb der Autor der köstlichsten Literaturparodien in der Wiener »Presse« eine schwärmerische kleine Geschichte über seine Begegnung mit der Geistinger. »Damals sang und blühte die Geistinger, schlank und üppig, das Haar à la Elisabeth in Zöpfen aufgesteckt, mit puppenhaft edlem Gesicht, eine zugleich fürstliche und zu zweideutigen Wünschen verführende Erscheinung.«

Neumann beschreibt, dass er als Sechzehnjähriger die Geistinger 23-mal in Offenbachs »Großherzogin von Gerolstein« gesehen hat. Er ist bestürzt, dass sie nach einer Heurigenpartie aus dem Fiaker fällt und das Bett hüten muss. Siebzehn

Tage lang schickt Robert Neumann ihr die prachtvollsten Bouquets ins Haus. Das Geld dafür beschafft er sich mit dem Verkauf seiner Schulbücher und kostbarer Bände aus der Bibliothek seiner Eltern. Schließlich lässt er sich, animiert von dem Dienstmann, der die Blumen überbringt, bei der Geistinger zu einem Besuch anmelden. Zitternd wartet er auf eine Begegnung mit der Angebeteten. Und verliert schließlich die Nerven und rennt davon …

Die bezaubernde – und erstaunliche – Geschichte eines frühreifen Kindes: Robert Neumann ist 1897 geboren, die Geistinger 1903 gestorben!

Die Geistinger setzt im Stadttheater ihre Erfolge fort. Was in der Gallmeyer dabei vorgeht, verrät sie nicht einmal ihren engsten Freunden. Sie verzehrt sich vor Sehnsucht nach guten, seriösen Rollen. Fast wäre sie schon ans Ziel ihrer Wünsche gekommen. 1872 plante der Burgtheaterdirektor Dingelstedt das Fach der Charakterkomikerin Amalie Haizinger neu zu besetzen. Und er dachte dabei an Pepi Gallmeyer. Sie sollte das neue Fach am Hoftheater von Gotha erproben und dort das ihr ungewohnte Hochdeutsch trainieren. Auch die Rollen ihres Burgdebüts standen schon fest: neben zeitgenössischen Lustspielen die Marthe Schwerdtlein in Goethes »Faust«. Aber dieses Projekt scheiterte – angeblich an einer Indiskretion, die das Engagement vorzeitig bekannt machte. Vielleicht gab es auch einen anderen Grund …

Verzweifelt verschwendet Pepi Gallmeyer ihre geniale Ausdruckskraft in seichten Lustspielrollen. Immer drängender werden die Briefe an die Autoren ihrer Zeit: »Sie *müssen* mir eine Rolle schreiben, wir haben etwas gut zu machen!«, schreibt sie an Ludwig Anzengruber. »Es heißt teils: Anzengruber kann nicht für die Gallmeyer schreiben, teils heißt es: die Gallmeyer kann keine Rollen von Anzengruber spielen … Überzeugen wird die guten, braven Menschen, daß wir alles können …«

102

Sie nimmt Sprechunterricht, um ihren Dialekt loszuwerden. Und dann kommt endlich die ersehnte Chance, im ernsten Fach mit der Geistinger gleichzuziehen. Im Stadttheater soll sie in dem französischen Schauspiel »Sergius Panin« eine einfache Frau verkörpern, die ihren Schwiegersohn, verzweifelt über das Unglück ihrer Tochter, erschießt. Der faszinierende Charakterschauspieler Friedrich Mitterwurzer ist ihr Partner. Sie stürzt sich mit all ihrer Energie in die Probenarbeit. Aber der Schwung, der sie über alle Probleme hinwegträgt, erlahmt. Das Hochdeutsche macht sie unsicher, befangen, bremst sogar ihre ausdrucksvolle Körpersprache. Sie agiert hölzern wie eine Anfängerin. Und spürt das auch. Vier Tage vor der Premiere bittet sie die Rolle zurücklegen zu dürfen. Aber alle reden ihr die Angst aus. Sie spielt, gegen besseres Wissen, und erlebt ihren größten Misserfolg.

Offen, wie immer, spricht sie in einem Brief an das »Neue Wiener Tagblatt« ihr Dilemma aus: Da war die Hoffnung auf ein neues Fach und die instinktive Angst, sich damit zu überfordern. »Die Presse kann mich gar nicht so tadeln, wie ich es verdiene.«

Sie hat diesen Absturz nie verwunden. Wie besessen rast sie von Gastspiel zu Gastspiel, ohne Rücksicht auf ihre Gesundheit, ohne auf ihren sicheren Bühneninstinkt zu hören. Ihre Mittel vergröbern sich, für einen Lacherfolg opfert sie alles.

Der Dichter Robert Hamerling, Gymnasialprofessor und Kunstkritiker in Triest, bewundert sie bei einem Gastspiel zwar als »weiblichen, potenzierten Nestroy«, aber er findet ihre Outrage unerträglich und »eine Schande vor den anwesenden Italienern, die sie für die unsere halten könnten«.

Auch Max Waldstein, Begleiter durch das Auf und Ab ihres Lebens, findet immer schwerer Zugang zu ihr. Ohne Rücksicht auf seinen jüdischen Glauben will sie ihn zu einer Wallfahrt nach Mariazell schleppen. Sie wird immer verschwenderischer und hört nicht mehr auf seine Warnungen, die sie früher von ihm einforderte. »Punktum, Cervelatwurst, verehrter Geschlechtsgegner«, so beendet sie die leidigen Debatten ums Geld.

Selbst einem so belastbaren Menschen wie Max Waldstein geht jetzt die Geduld aus. Er beendet ihre lange Freundschaft. Einmal trifft er sie noch »scheinlustig« in Ischl. Aber aus der sprühenden, witzigen Pepi ist eine verbitterte, ungerechte Frau geworden. Sie hasst auf einmal Juden, mit denen sie 20 Jahre gelebt, gearbeitet, Freundschaften gepflegt hat.

Sie beschimpft von der Bühne herunter Journalisten, sie lässt Proben platzen, wenn ihr Kollegen unsympathisch sind, sie verhöhnt ihre Gläubiger, die dumm genug waren, ihr Geld zu leihen.

Es geht ihr schlecht. Nicht nur finanziell. Einige Male bricht sie auf der Bühne zusammen. Ihre Stimme lässt sie immer öfter im Stich – es rächt sich jetzt, dass sie nie eine gründliche Ausbildung hatte.

Und wieder ist ihr die Geistinger Schrittmacherin: Sie gastiert in Amerika, wie es alle großen Schauspielerinnen der Zeit tun. Von 1881 bis 1884 tourt sie durch den Kontinent. In dieser Zeit gibt es in New York noch 64 deutschsprachige Bühnen, die den vielen Einwanderern ein Stück Sprachheimat erhalten.

Ursprünglich hatte Marie Geistinger einen Vertrag für zwei Jahre. Aber ihre Auftritte in den erfolgreichsten Rollen ihres großen Repertoires ziehen so viel Publikum an, dass das Engagement immer wieder verlängert wird. Sie spielt an vierzig Orten und hat 826 Auftritte, die sie unter abenteuerlichsten Strapazen absolviert. Mit Eisenbahn, Schiff oder Pferdewagen erreicht die Truppe Kalifornien und Mexiko, spielt in eleganten Theatern oder auf improvisierten Podien in Goldgräberstädten, in denen kein Mensch Deutsch versteht und wo Indianer und Chinesen ohne zu zahlen die Vorstellungen stürmen. Völliges Unverständnis, wütende Abwehr, aber auch

104

begeistertes Wiedererkennen oder die bedingungslose Hingabe an ihr großes Können begleiten die mühevolle Tournee. Sie ist eigentlich der Eroberungsfeldzug einer selbstbewussten, furchtlosen Frau. Alles kann hier passieren. Auch, dass Marie Geistinger ihr Publikum in Cincinnati so mitreißt, dass es nach dem Lied »Zwei Sterndl am Himmel« in ihren übermütigen Jodler mit einstimmt.

Die Geistinger ist seelisch und körperlich kerngesund, sie hat sich über die Jahre ihr blendendes Aussehen und ihre erotische Ausstrahlung erhalten. Auch wenn man ihre Sprache nicht versteht, reißt sie ihr Publikum mit. Berichte über ihre Erfolge erreichen Wien.

Natürlich erreichen sie auch Pepi Gallmeyer – und machen sie mürbe, 1882 das Angebot einer Amerika-Tournee anzunehmen. Sie braucht das Geld und den Erfolg dringender denn je und unterschreibt den Vertrag, den ihr Direktor Conried vom Thalia-Theater in New York anbietet.

Ihre Gesundheit macht ihr zu schaffen. Sie leidet unter unerklärlichen Schmerzen. Aber ihr Arzt, der bekannte Chirurg Eduard Albert, gibt ihr grünes Licht für die Tournee. Was er tatsächlich weiß, verschweigt er ihr.

Die Aussicht, ein neues Publikum zu erobern, gibt ihr neue Energie. Vergessen sind der Weltschmerz, die Mieselsucht, die Drohung, ins Kloster zu gehen. Darüber kann sie jetzt nur noch Witze machen.

Natürlich inszeniert sie einen starken Abgang. Gemeinsam mit Alexander Girardi spielt sie im Kurtheater Ischl die Operette »Das verwunschene Schloß«. Im Publikum sitzen Kaiser Franz Joseph, das Kronprinzenpaar und ein halbes Dutzend gekrönter Häupter.

Sie verabschiedet sich mit einem selbst verfassten Couplet:
»I bin an arm's Dirndl,
I hab kan Kreuzer Geld,
Drum haßt's a jetzt: Marsch außi,

Fahr ab, in d' neuche Welt!
So nimm i halt mei Binkerl,
Geh übri auf a Zeit,
Und hab i dort viel Geld kriegt,
dann komm i z'ruck voller Freud.«

Erwartungsvoll besteigt sie den Dampfer »Habsburg«, der sie von Southampton nach New York bringen soll. Die Überfahrt, Mitte September 1882, ist stürmisch, allen wird furchtbar schlecht, auch ihrem alten Freund und Kollegen Franz Tewele, der mit seiner Frau die Tournee mitmacht. Pepi lässt sich nicht unterkriegen, und als der Hafen von New York in Sicht ist, erwartet sie eine Überraschung: In einem festlich geschmückten Boot kommen ihr die beiden New Yorker Theaterdirektoren mitsamt Musikkapelle und Blumenbouquet entgegen. Sie ist selig – was für ein Empfang. Dass er den Reportern die Bedeutung dieses Gastspiels signalisieren soll, übersieht sie. Sie erfährt aber gleich, was es heißt, in Amerika Theater zu spielen – sofort nach der Ankunft ist die erste Probe angesetzt.

Nach der Premiere schreibt sie einer Freundin: »Ich habe riesig gefallen … Du, hier sind galante Leute – die prachtvollen Blumen … Dazu Tusch und minutenlanger Jubel … Die Geistinger hatte am ersten Abend nur ein halbes Haus und soll wütend sein, daß es bei mir ausverkauft war und ich so enorm gefiel …«

Die Direktoren des Thalia-Theaters wittern die Konkurrenz der beiden wienerischen Stars und wollen sie ausschlachten: Marie Geistinger und Pepi Gallmeyer sollen gemeinsam auftreten. Aber erstaunlicherweise lehnt die Geistinger das ab.

Pepi wittert Morgenluft und lässt Scharen von Sandwichmännern mit Tafeln durch New York gehen: »Die größte Wiener Soubrette, Josefine Gallmeyer, wird uns beglücken!« Das Publikum wird neugierig – aber knapp vor der nächsten Premiere wird Pepi krank und muss absagen.

Aber auch als sie wieder spielt, hat sie Probleme. Sie ist eine so urwienerische Erscheinung – das ist nicht nach jedermanns Geschmack. Sie hat zu viele Einakter im Programm, die das Publikum nicht warm werden lassen. Auch ihre Parodie der Sarah Bernhardt kommt nicht an – dazu müsste man das Original gesehen haben. Aber dazwischen gibt es immer wieder Erfolge, Gelächter, Jubel über ihre kraftvolle Komik. »Jolly Josy« heißt sie beim New Yorker Publikum – Pepi trägt das wie einen Orden.

Aber ihre alte Kraft ist gebrochen, sie kränkelt, muss immer wieder Vorstellungen absagen, die Strapazen der Tournee setzen ihr zu. Und der finanzielle Erfolg ist nicht so, wie sie ihn erhofft hatte. Ihre Schulden kann sie nicht decken, die Misere geht in Wien weiter.

Goldblond gefärbt, rosig geschminkt kommt sie aus Amerika, um ihr Publikum neu zu erobern. Aber sosehr sich die Wiener über die Rückkehr ihres rabiaten Lieblings freuen – ihre Stücke beginnen sie zu langweilen. Und sosehr Pepi alle Schriftsteller in ihrem Umkreis um neue, seriöse Rollen anfleht – sie bekommt sie nicht. Sie weicht in kleinere Städte aus – in Graz findet sie ein begeistertes Publikum für ihre erprobten Rollen. Und gleich ist sie wieder obenauf, überlegt ganz nach Graz zu ziehen, das undankbare Wien zu verlassen. Die Schmerzen werden immer stärker, sie braucht ihre ganze Kraft, um noch auftreten zu können. Aber sie muss spielen. Sie hat 31 000 Gulden Steuerschulden, ihre Wiener Wohnung ist gepfändet.

Dann scheint sich ihr Schicksal noch einmal zu wenden: Sie lernt Peter Rosegger kennen und er ist bereit, für sie ein Stück nach ihrer Idee zu schreiben. Die Geschichte eines Bauernmädchens, das in die Stadt geht, dort Komödiantin wird – und schließlich, gescheitert, wieder in ihr Dorf heimkehrt.

Daraus wird nur eine Skizze, die sie gern mit ihm vortragen würde. Aber dazu ist Rosegger zu konventionell. Die wilde

Pepi mit ihrem grell gefärbten Haar und er an einem Vortragspult – das traut er sich nicht. Aber er schreibt über sie: »Die Gallmeyer ist unendlich mehr als eine gute Komikerin für loses Zeug, sie ist eine große Schauspielerin. Nicht in der Tragödie, die das Leben idealisiert, hat sie ihren Platz, sondern im Lustspiel, im Volksstück, das es porträtiert.«

Pepi Gallmeyer ist selig über diesen Artikel in der »Grazer Tagespost«, sie kauft fünfzig Exemplare und schickt sie an ihre Wiener Freunde. Und dann tritt sie nach langer Zeit wieder als Rosl im »Verschwender« auf und bezaubert durch die Schlichtheit ihrer Herzenstöne. Niemand, der sie in dieser wunderbaren Vorstellung sieht, ahnt, dass es ihr Abschied von der Bühne ist.

Eine quälende Unruhe erfasst sie, sie muss unbedingt nach Wien, muss ihre Steueraffäre bereinigen. Ihre Wohnung in der Praterstraße ist ungemütlich, viele schöne Möbel mussten verkauft werden. Sie schreibt ein Gnadengesuch an den Kaiser und hofft, dass er sie von ihren Schulden befreit.

In einer Lesung des Vereins der Literaturfreunde im Hotel »Zum goldenen Lamm« zeigt sie noch einmal, wieviel Funken sie aus einem Text schlagen kann. Sie spielt die Geschichte eines verhinderten Selbstmords von Vinzenz Chiavacci am Lesepult und versetzt ihre Zuhörer damit in heiterste Stimmung. Kurz darauf bricht sie in ihrer Wohnung zusammen. Der Chirurg Eduard Albert kommt – er kann nichts anderes tun als ihre furchtbaren Schmerzen zu lindern. Dass ihre Krebserkrankung hoffnungslos ist, wusste er schon vor ihrer Amerikareise.

Am 3. Februar 1884 stirbt die Gallmeyer.

In den schwarzen Stunden vor ihrem Tod hat sie bestimmt, wie sie begraben sein wollte: ohne Blumen, ohne Menschen.

»Niemand braucht zu wissen, wie und wo der arme Hund Pepi begraben wurde.«

Dieser Wunsch lässt sich nicht erfüllen. In kürzester Zeit geht die Nachricht von ihrem Tod durch Wien. Erzherzog Ludwig Viktor schickt als Erster einen Kranz aus Rosen und Veilchen, Hunderte Trauernde versammeln sich vor ihrer Wohnung.

Ihr Begräbnis wird zu einem wienerischen Ereignis. Die Praterstraße muss gesperrt werden, um dem Trauerkondukt von Pepis Haus zum Matzleinsdorfer Friedhof Platz zu schaffen. Die Sicherheitswache rückt aus, um das Trauerspalier entlang des Wegs zurückzudrängen. Die größten Künstler dieser Zeit begleiten Pepis Sarg: Johann Strauß, Alexander Girardi, Ludwig Anzengruber, Katharina Schratt.

Alle kommen: die Aristokraten, die Hausherren und Seidenfabrikanten, die reschen Volkssänger aus der Vorstadt, Schusterbuben und Wäschermädel. Sie alle hatte die Gallmeyer mit ihrem Witz, ihrer komödiantischen Kraft und ihrer scharfen Aggressivität erobert, verblüfft, geärgert. Gleichgültig war sie niemandem gewesen.

Aus Amerika kommt ein Lorbeerkranz der großen Gegenspielerin: »Der unvergleichlichen, unerreichten Künstlerin Josefine Gallmeyer – Marie Geistinger, Direktor Amberg und die Mitglieder des Thalia-Theaters in New York. Letzter Gruß übers Meer.«

Was Theaterdirektoren nie gelang: Jetzt sind die beiden Namen vereint – allerdings auf einer Kranzschleife.

Ein Meer von Blumen und Kränzen brandet über das Grab der Josefine Gallmeyer. Auf dem Grabstein steht nur: »Arme Pepi«.

Nach dem Begräbnis kommt der Bescheid, dass ihr Majestätsgesuch um Streichung der Steuerschuld abgelehnt wurde. Alles, was sie besitzt, wird nun versteigert und in alle Windrichtungen zerstreut. Ihre opulenten Bühnenkostüme, die Möbel, Kunstgegenstände und persönlichen Besitztümer füllen einen Katalog mit 1387 Positionen. Eine davon ist ein Fotografieständer aus Bronze, der einen Ausrufpreis von 2 Gulden hat und auf 37 Gulden steigt. Es ist Pepis berüchtigter Galgen, an dem so viele ihrer Direktoren, Autoren und Kollegen symbolisch baumelten …

Die Auktion bringt einen Ertrag von 19520 Gulden. Das Barvermögen umfasst 450 Gulden. Die Frau, die ihr ganzes Leben arbeitete, Unsummen verdiente, Unsummen verschenkte und verschwendete, bleibt in den Steuerakten eine Schuldnerin.

Die Geistinger spielt noch einige Monate in Amerika, ehe sie sich in New York von ihrem Publikum verabschiedet. Es kann sich von ihr nicht trennen und erzwingt hundert Vorhänge. Sie hat ein Vermögen bei dieser Tournee verdient und riskiert noch zweimal die Strapazen eines Amerikagastspiels, beim letzten ist sie 60 Jahre. Noch immer spielt sie mit jungen Augen, dem Temperament einer Zwanzigjährigen und unverändert frischer Stimme ihre erfolgreichen Soubrettenrollen. »Fünfundzwanzig Jahre lassen sich auf der Bühne mit Schminke gut wegputzen«, findet sie.

Nach einer Augenoperation will sie sich von der Bühne verabschieden, aber man holt sie für Vortragsabende und zahlt ihr dafür in Berlin für einen Auftritt 1000 Mark.

Aber dann lockt sie doch wieder die Bühne. Dass man sie aus Sensationslust älter macht, als sie ist, pariert sie damit, dass sie einer Berliner Zeitung ihren Taufschein schickt. Es nützt nichts, 1903 feiert man sie, drei Jahre zu früh, als Siebzigerin. Ist es Zufall oder eine letzte Erinnerung an die Gallmeyer: Auch Marie Geistinger nimmt mit der Rosl aus Raimunds »Verschwender« Abschied von der Bühne.

Sie war immer ein Muster an Disziplin und Ökonomie und so kann sie sich mit vierundsechzig auf ihr Landgut Rastenfeld in Kärnten zurückziehen, um Rinder und Rosen zu züchten. Freundlicherweise gibt sie nur den Rosen die Namen bekannter Schauspieler und Theaterdirektoren. Ein letztes Mal verliebt sie sich in einen viel jüngeren Mann und zieht sich mit nobler Geste zurück, als er eine andere kennen lernt: Sie gibt ihm Geld für die Hochzeit.

Die Landwirtschaft beginnt sie zu langweilen, sie kauft eine elegante Villa in Klagenfurt, die sie mit dem Geschenk des Königs von Sachsen, einem dekorativen Porzellanzimmer, ausstattet. Bis zuletzt bewahrt sie Disziplin und verblüfft ihre Angestellten damit, dass sie ihren Teint mit rohem Kalbfleisch pflegt.

1893 stirbt sie als Siebenundsechzigjährige und wird zunächst in Klagenfurt begraben.

Aber dabei bleibt es nicht. Sowohl die Geistinger als auch die Gallmeyer bekommen Ehrengräber auf dem Wiener Zentralfriedhof.

Dort sind die beiden lebenslangen Gegenspielerinnen Nachbarinnen in der Ewigkeit. Die Pepi hätte darüber sicher sehr gelacht …

VERFÜHRERINNEN

Gina Kaus und Stephanie Hohenlohe

Ich fleh Sie an, machen Sie, dass ich hier rauskomm!«, sagt die fast Neunzigjährige zu dem jungen Schriftsteller, der sie in einem Pflegeheim in Santa Monica besucht.

Und als er schließlich geht, beschwört sie ihn: »Vergessen Sie bloß nicht, worum ich Sie gebeten hab! Versprochen? … Halt! Moment! Warten Sie: Gehen Sie noch nicht! Bitte geben Sie mir einen Abschiedskuss!«

Bald darauf stirbt sie – eine der großen Wiener Verführerinnen, eine der klügsten und kritischsten dazu: die Schriftstellerin Gina Kaus.

Nach ihrer Emigration aus Wien lebte sie in Kalifornien als Drehbuchautorin und Übersetzerin. An ihre großen Bucherfolge in den dreißiger Jahren konnte sie nicht mehr anschließen. Aber eines der Bücher aus dieser Zeit wurde in der Nachkriegszeit ein deutscher Bestseller und ein hervorragender Film: »Teufel in Seide«, mit Lilli Palmer und Curd Jürgens.

Der junge Schriftsteller, der sie vor ihrem Tod 1985 besuchte, Peter Stephan Jungk, arbeitete damals an einer Biografie Franz Werfels. Der Dichter war eine der vielen großen Persönlichkeiten der ersten Jahrhunderthälfte, die von Gina Kaus magisch angezogen wurden. Sie war eine bestrickende, sehr erotische Frau, mit durchdringendem Verstand und einer Willenskraft, die sie schwerste private und politische Krisen durchsteuern ließ. In männliche Normen war sie nie einzuordnen – da hatte es die Marathon-Muse Alma Mahler-Werfel um vieles leichter.

Gina Kaus wächst in eine Zeit der stärksten gesellschaftlichen Umbrüche hinein. Das Mädchen des Jahrgangs 1894 aus kleinbürgerlichem jüdischem Haus – der Vater ist Geldvermittler – nimmt wie ein Seismograf alle Veränderungen wahr und setzt sich bewusst und kritisch damit auseinander.

Über ihre frühe Jugend hat sie sich ausgeschwiegen, aber so bescheiden die Familie lebt, sie ermöglicht ihr eine gute Ausbildung und erspart ihr die typische Erziehung dieser Zeit, die unternehmungslustige Mädchen zu verklemmten, ängstlichen Frauen demoliert.

Ihre Anziehungskraft und ihr Durchsetzungsvermögen, die sich früh entfalten, teilt sie mit ihrer Halbschwester Stephanie, über die noch später die Rede sein wird. Gina sollte sie unter merkwürdigen Umständen kennen lernen.

Als sehr junges Mädchen verliebt sich Gina in den begabten Musiker Josef Zirner. Dass er aus sehr wohlhabendem Haus stammt, erfährt sie erst später. Der Vater ist Juwelier, der Familie der Mutter gehört das elegante Modekaufhaus Zwieback auf der Kärntner Straße. Aus dieser Familie stammt auch der heute sehr erfolgreiche Schauspieler August Zirner.

Die beiden jungen Leute heiraten – zunächst gegen den Willen der Familie. Später schließen die Schwiegereltern Gina ins Herz. Die schöne junge Frau wird im Familienkaufhaus luxuriös eingekleidet und stolz herumgereicht.

Gina ist glühend verliebt in ihren Pepi. Aber als er an die Front muss, betrügt sie ihn mit einem Mann, den sie gar nicht liebt, den mittelmäßigen Schriftsteller Otto Soyka. Bei ihr erlischt dieses Fieber nach ein paar Wochen. Otto Soyka kann sie nicht vergessen. »Noch nach dem Zweiten Weltkrieg er-

Gina Kaus

hielt ich Briefe von ihm, in denen es hieß: ›Wie kann ich aufhören, dich zu lieben, das Wasser rinnt nicht aufwärts.‹ In den Jahren dazwischen hatte er mich verachtet, beleidigt, übel beleumundet«, schreibt Gina Kaus in ihrer bemerkenswert offenen Autobiografie.
Ihre erotische Bravour, ihre Unbekümmertheit gegenüber Konventionen, ihr klarer Verstand und die Gabe, den Augenblick zu genießen, machen sie von frühester Jugend an interessant, anziehend – und unberechenbar. Sie lässt die Männer bedenkenlos fallen, wenn sie sie enttäuschen.

Aber um alle, die sie liebt, kämpft sie mit höchstem Einsatz.

Auch um ihren Mann, den sie gegen alle Einwände an der russischen Front besuchen will. Kein Zivilist darf das, aber ihr gelingt es mit Courage und Glück, einen Pass zu ergattern, mit dem sie in die Etappe reisen darf. Die suggestive Kraft, die sie dabei entwickelt, setzt sie in den aussichtslosesten Situationen immer wieder mit Erfolg ein.

Die Reise an die Front ist abenteuerlich, aber sie findet einen Freund ihres Mannes, einen Dragoneroffizier, der sie begleitet. Mit dem Schiff, das immer wieder an Sandbänken strandet, fährt sie über die seichte Weichsel. Durch Schlamm, eine Furt, über Felder und staubige Straßen geht es zu Fuß weiter. Ihr Mann hat ähnliche Schwierigkeiten zu überwinden, um zum vereinbarten Treffpunkt zu kommen.

Dass die beiden einander überhaupt sehen können, ist nur möglich, weil der Stellungskrieg an der Ostfront über lange Zeit ohne große Angriffe verläuft.

Nach einem überschwänglichen Wiedersehen erreichen sie das Dorf, unweit der Gefechtslinie, wo Pepi stationiert ist. Gina teilt eine Hütte mit ihrem Mann, später können sie in ein Zimmer abseits der Front übersiedeln, das Gina aber nicht verlassen darf. Die ganze Aktion wird nur durch das menschliche Entgegenkommen von Pepis Vorgesetzten möglich. Aber Gina nimmt dieses Verbot nicht ernst und geht im Ort spazieren, was einiges Aufsehen erregt. Die Folgen sind furchtbar: Sie wird sofort nach Hause geschickt. Pepi kommt an einen anderen Frontabschnitt – acht Wochen später fällt er.

Gina wird bis ans Ende ihres Lebens von Schuldgefühlen verfolgt. Sie ist knapp zwanzig – und Witwe. Das Gefühl, nie wieder lieben zu können, treibt sie zur Verzweiflung. Der schönste Abschnitt ihres Lebens ist zu Ende.

Doch davon weiß sie noch nichts, als sie auf dem Rückweg von der Front nach Berlin fährt, wo sie Freunde hat und bereits Eingang in Literatenzirkel fand. Der Wiener Schriftsteller

Franz Blei ist der Erste, dem sie sagt, sie möchte schreiben. Er ermutigt sie, ihre abenteuerliche Reise an die russische Front zu verarbeiten.

In Berlin fällt die unkonventionelle Wienerin bald auf. Der Schriftsteller Carl von Sternheim, damals schon auf der Höhe seines Erfolges, nennt sie »die großartigste Frau Mitteleuropas«. Gina Kaus relativiert das selbstironisch: »Ich weiß nicht, von wie vielen Frauen er das gesagt hat – aber so gelassen denke ich heute. Damals war ich nur selten kleinmütig; im allgemeinen hielt ich meine Möglichkeiten für unbeschränkt.«

Nach Pepis Tod ist alles anders. Sie denkt nicht mehr an Männer, nicht ans Schreiben.

Die Familie ihres Mannes nimmt sich liebevoll um sie an und versucht sie aufzuheitern. Verwandte und Freunde werden eingeladen. Darunter ist Josef Kranz, ein Selfmade-Millionär, Jurist, Präsident der Depositenbank und des Spirituskartells, ein Finanzgenie und einer der mächtigsten Männer der Monarchie. Er ist fünfzig, verheiratet, von seiner Geliebten, einer schönen jungen Schauspielerin, hat er sich eben getrennt.

Als er Gina trifft, eine grazile junge Frau mit schrägen, klugen Augen, nimmt er sofort Witterung auf.

Er lädt Gina gemeinsam mit ihrer Schwägerin Kati in sein feudales Haus am Semmering und umgibt sie mit allem Luxus und seinem beträchtlichen Charme. Aber nach den ersten Eröffnungszügen sagt er unverschnörkelt, was er will: Gina soll seine Geliebte werden, sein Haus führen und an seinem Vermögen partizipieren. Als gewiefter Taktiker zieht er sich danach zurück. Gina soll genug Zeit für ihren Entschluss haben. Dann überschüttet er sie mit Geschenken, gibt ihr Geld, das sie zunächst zurückweist, was ihm gut gefällt. Schließlich nimmt sie alles an. Geld – das bedeutet Unabhängigkeit von den Schwiegereltern und die Chance, den fast mittellosen Eltern zu helfen.

Kranz ist ein Mann mit großem Einfluss – Gina verlangt, dass er ihren Literatenfreund aus Berliner Tagen, Franz Blei, aus dem Kriegspressequartier holt und zu seinem gut bezahlten Sekretär macht. So geschieht es.

Die Trauer um Pepi ist noch zu groß, um an eine neue Liebe zu denken. Die Ehrlichkeit, mit der ihr Kranz entgegenkommt, gefällt Gina. Sie fürchtet zwar jede Abhängigkeit, aber im Moment hat sie nur die Wahl, von den Schwiegereltern oder von Josef Kranz abhängig zu sein.

»Eines Nachts erwachte ich um vier Uhr und fand die Lösung: Kranz konnte mich als Tochter adoptieren. Als solche konnte ich legitim in sein Haus einziehen – was wir nachts taten, ging niemand etwas an. Das Seltsame ist, dass diese absurde Lösung auch Kranz, dem ich sie am nächsten Morgen erzählte, sofort einleuchtete. Ich war schließlich hundsjung, aber er besaß doch Weltklugheit genug, sofort zu begreifen, dass niemand ein Schaden daraus entstehen würde.«

Bald darauf fährt Gina mit Kranz nach Budapest und verbringt die erste gemeinsame Nacht mit ihm. Er ist ein angenehmer Liebespartner, und als er sie verlässt, um in sein eigenes Zimmer zu gehen, klingt unter Ginas Fenster Zigeunermusik auf, ein schöner junger Mann, der ihr schon vorher den Hof machte, schaut sehnsuchtsvoll zu ihr hinauf …

In Wien zieht Gina in das Palais Kranz in der Liechtensteinstraße ein. Es ist ein Feudalbau mit Barockanklängen, teilweise mit den kostbarsten Antiquitäten möbliert, teilweise von zeitgenössischen Designern wie Richard Teschner und Oskar Strnad möbliert.

Es gibt viel mehr Personal als Arbeit. Gina hat eine Kammerzofe, die sie anhimmelt und sonst nicht viel mit ihr zu tun hat. Haushälterin, Köchin, Diener bemühen sich um sie. Und da ist der Sekretär Franz Blei, den sie schon so lange kennt. Und der sie plötzlich zu interessieren beginnt. Von ihm kommen literarische Impulse und zwei, drei Liebesbriefe pro Tag, die bald Wirkung zeitigen.

Gina ist die Geliebte ihres Adoptivvaters, was ganz Wien weiß – und für seinen geistreichen, kultivierten Sekretär entflammt. Auch das bleibt nicht lange geheim.

Josef Kranz umgibt sie mit den kostbarsten Dingen, sie bekommt den edelsten Schmuck, elegante Kleider. Wenn sie sich einen Schlafrock wünscht, schenkt ihr Kranz 200 Jahre alte Mandaringewänder. Statt eines modischen Schals bekommt sie einen französischen Schal aus dem 17. Jahrhundert, dessen echte Goldfäden furchtbar kratzen.

Man isst auf unersetzlichem Barockporzellan von Museumswert. Aber seine Geschenke bewirken genau das Gegenteil von dem, was Josef Kranz sich wünscht. Gina sollte auf elegante Weise dem Haushalt vorstehen, Repräsentationspflichten übernehmen – und eine leidenschaftliche Geliebte sein.

All das verweigert sie. Sie hasst ihn dafür, dass sie sich kaufen ließ, und lässt das den Käufer spüren.

Mit jedem Geschenk steigt ihr Widerwillen. Aber sie hat nicht die Kraft, Kranz zu verlassen. Ihre Flucht erfolgt auf dem Papier – sie beginnt zu schreiben. Franz Blei ermutigt und kritisiert sie. Ihre erste große Erzählung, »Der Aufstieg«, bekommt drei Jahre nach seiner Entstehung den Fontane-Preis.

Dann verschwindet aus ihrer Schmucksammlung eine exquisite Goldemaildose. Josef Kranz lässt die Polizei kommen. Die findet die Dose und viele andere Luxusartikel aus Ginas Besitz im Zimmer der Zofe. Sie wird sofort entlassen.

Ginas Reaktion darauf: Sie schreibt das Stück »Diebe im Haus«. Es schildert eine moralisch verkommene Familie, die große Ähnlichkeit mit ihren Verhältnissen hat und in der die diebische Zofe noch der sympathischste Mensch ist. Die ist arm und will sich ein bisschen bereichern. Die anderen sind reich und können nicht genug bekommen. Eine wichtige Rolle in diesem Stück spielt der Sohn der Hauptfigur aus einer früheren Ehe. Auch er hat ein Vorbild im Leben: Es ist der illegitime Sohn von Josef Kranz, der spätere Dirigent Hans Swarowsky, mit dem sich Gina sehr gut versteht.

Schreibend versucht Gina mit ihrem Unbehagen und ihren Schuldgefühlen fertig zu werden. Das Stück »Diebe im Haus« wird später am Burgtheater aufgeführt.

Das Schreiben verändert ihr Leben. Franz Blei hatte eine höchst anspruchsvolle philosophische Zeitschrift gegründet, deren Titel »Summa« sich auf die »Summa Theologica« des Thomas von Aquin bezog. Gina bringt Josef Kranz dazu, diese Zeitung zu finanzieren, was offenbar seiner Eitelkeit und seinem Bedürfnis nach kulturellem Mäzenatentum entspricht. Die Redaktion übernimmt Gina, die dafür eine eigene Wohnung mietet. Die wird zum Spielraum für ein neues Leben, das sich immer weiter in ihr anderes Dasein vorschiebt. In dieser Wohnung kann Gina ihre Literatenfreunde aus dem Café Herrenhof treffen: Franz Blei, Franz Werfel, Hermann Broch, Egon Erwin Kisch und viele andere.

Josef Kranz ist zufrieden, dass sich Gina nicht mehr so oft allein in Literatencafés zeigt, und merkt nicht, dass sich seine Geliebte unbemerkt auf den Absprung vorbereitet. Er ist so stolz auf sein Engagement bei »Summa«, dass er keine Einwände hat, wenn Ginas Freunde auch in seiner Abwesenheit in sein Palais kommen und hier Gelage feiern.

Franz Werfel hat diese seltsame Konstellation in seinem Buch »Barbara und die Frömmigkeit« mit scharfem Witz geschildert. Die Widersprüchlichkeit Ginas – Werfel nennt sie Hedda – greift auch auf ihren literarischen Freundeskreis über.

»Merkwürdig war es, dass der Reichtum, der von Heddas Person und Kleidung ausstrahlte, auf die jungen Männer an diesem Tisch verwirrend wirkte. Sie kannten zwar die Welt, der sie anzugehören schien, nur vom Blickpunkt der Bürgerverachtung her. Dennoch erzeugte schon dieser illegitime Abglanz des Geldes in den Revolutionären ringsum eine schmachtende Ehrfurcht.«

Werfel sieht zwar mit sarkastischer Klarheit, welche Wirkung die mondäne junge Frau auf die Männer hat, die Monarchie und Kapitalismus hassen. Aber mit Gina selbst kommt er ebenso wenig zurecht wie die Spießer, die sich an ihrem Lebenswandel stoßen. Er bescheinigt ihr zwar Bildung, Belesenheit und männlichen Scharfsinn, aber das kann nach herkömmlicher Meinung nicht folgenlos bleiben.

»Ihre durchaus nicht unhübschen Züge zeigten manche Schärfen und manche Verschwommenheiten, wie sie durch den ewigen Umgang mit intellektuellen Fragen, durch den Genuss von dreißig Zigaretten täglich und anderen Freiheiten wahlloser Art noch entstehen.«

Gina stellt Werfel, der ihr »Talent zur Freundschaft« bescheinigt, ihre Redaktionsräume, die sie nur tagsüber benützt, als Wohnung zur Verfügung. Dort besucht ihn Alma Mahler – sie ist zu diesem Zeitpunkt noch mit dem berühmten Architekten Gropius verheiratet. Zwischen ihr und Gina herrscht Antipathie auf den ersten Blick. Alma Mahler, eine Meisterin der Doppelmoral, lässt sich ungeniert über Ginas Verhältnisse aus. Gina bleibt ihr nichts schuldig: »… ich fand das, was sie sagte, aufgeblasen und dumm … Ich merkte, wie sehr sie den Männern gefiel. Sie war ziemlich dick, aber sehr schön«, schreibt sie in ihrer Autobiografie.

Gut möglich, dass Werfel, der stark unter dem Einfluss seiner Geliebten und späteren Frau Alma steht, deswegen seine ursprünglich sehr positive Haltung Gina gegenüber revidiert.

Die Sequenz in »Barbara und die Frömmigkeit«, die sich mit Gina-Hedda befasst, entbehrt nicht der Bosheit.

Werfel schildert ein Fest im Palais Kranz (Aschermann) zum Erscheinen der ersten Nummer der Zeitschrift »Summa«, die hier »Aufruhr in Gott« heißt und sich zum Ziel setzt, »die katholische Kirche müsse die Barrikaden der Revolution besteigen«. Der Hausherr ist auf Reisen, Hedda (Gina) führt ihre revolutionären, verhungerten Freunde durch das mit Kunstwerken überladene Haus, lässt ihnen Champagner, Forelle, Wild servieren. Er schildert ihre Gier, die Balzrituale rund um Hedda wie auch das geistige Konkurrenzieren und die Verachtung des Personals für die teils zerlumpten Gäste. Plötzlich geht die Türe auf. Breitspurig, mit souveräner Gönnermiene betritt der Hausherr die Bühne der Eitelkeit. Lächelnd überspielt er die Verlegenheit seiner Gäste. Er lässt Champagner nachschenken, demonstriert lässig seine Macht, ehe er telefonisch noch ins Armeeoberkommando gebeten wird. Kaum ist er weg, bricht die Lustigkeit einer Schulklasse aus, nachdem der Lehrer gegangen ist. Man betrinkt sich, randaliert, sinkt am frühen Morgen erschöpft zusammen. Ein Elendsdichter – auch er einer existenten Literatenfigur nachempfunden – spricht noch ein Gedicht über den Wein. »Freund, Verführer und – Herr!«

Werfel hat diese Szene, die gegen Ende des Ersten Weltkriegs spielt, erst Ende der zwanziger Jahre geschrieben und 1929 veröffentlicht. Zu einer Zeit, da seine eigene Revolte Vergangenheit war. Während er sich von seinen alten Freunden in Richtung Luxusleben mit Alma verabschiedet, bereitet sich Gina auf einen Weg in die Gegenrichtung vor.

Das Schreiben, das Leben mit Literatur und Literaten wird unentbehrlich für sie. Einer ihrer faszinierendsten Freunde ist Hermann Broch. Er beeindruckt sie durch seine umfassende Bildung und durch sein verworrenes Liebesleben. Durch ihn lernt sie eine Frau kennen, mit der sie bald eine spannungsreiche Freundschaft verbindet: Milena Jesenská, eine Pragerin, die genauso unkonventionell und noch um einiges hemmungsloser lebt als sie.

Milena, 1896 geboren, wächst in einer privilegierten Familie auf, sie geht in das progressive Minerva-Gymnasium, das erste humanistische Mädchengymnasium Mitteleuropas, zu dessen Absolventinnen die ersten Akademikerinnen Prags gehörten. Milenas Mutter kränkelt, der Vater, ein erfolgreicher Kieferchirurg, Professor an der Prager Karlsuniversität, kümmert sich nicht viel um seine Frau. Milena wächst mit großen Freiheiten, aber auch mit unerträglichen Belastungen durch die kranke Mutter auf. Als junges Mädchen stiehlt sie dem Vater Morphium aus der Praxis, um mit ihren Freundinnen Drogenexperimente zu machen. Im Café Arco, dem Prager Literatencafé, lernt Milena Franz Werfel, Max Brod und eine der schillerndsten Figuren der Szene kennen: Ernst Polak. Er ist Bankbeamter, einer der besten Literaturkenner seiner Zeit, der jedoch nie selbst schrieb. Als »Literat ohne Werk« ging er in die Kaffeehausgeschichte ein. Milena verliebt sich leidenschaftlich in den Erotomanen, fälscht für ihn Wechsel, gibt fremdes Geld für ihn aus.

Der Vater, ein nationalistischer Tscheche, ist entsetzt über die Verbindung seiner Tochter mit einem deutschsprachigen Juden. Er steckt Milena für neun Monate in eine Irrenanstalt.

Nach ihrer Volljährigkeit kommt Milena heraus, heiratet sofort Polak, der inzwischen längst anderweitig engagiert ist, und geht mit ihm nach Wien. Dort beginnt für sie ein Leidensweg – Polak liebt sie nicht mehr, ihre Erbschaft versickert, sie kann nur wenig Deutsch und muss sich als Haushaltshilfe verdingen. Und sie beginnt wieder zu stehlen. Unter anderem eine kostbare alte Smaragdbrosche, die Gina gehört.

Gina weiß sofort, dass Milena die Diebin ist. Aber sie mag die talentierte, zutiefst unglückliche Pragerin. Die beiden schreiben einander regelmäßig. In einem ihrer Briefe fügt Gina ein PS an: »Wenn es etwas gibt, das Du mir vorenthältst, sage es mir, ich verzeihe Dir auf alle Fälle.«

Milena leugnet. Bald darauf wird sie in einem anderen Haus als Diebin ertappt und muss ins Gefängnis. »War ich in erotische Krise«, erklärt sie.

Und zu Gina meint sie, sie hätte ohnehin alles gewusst und ein Geständnis wäre ihr peinlich gewesen.

Milenas Leben steht unter Hochspannung. Sie nimmt Kokain,

macht einen Selbstmordversuch. Aber sie erkennt auch ihre sprachlichen Fähigkeiten und beginnt als Korrespondentin bei Prager Zeitungen in Wien und als Übersetzerin zu arbeiten.

Und dann lernt sie den Mann kennen, dessen Briefe sie unsterblich machen: Franz Kafka. Sie übersetzt einige seiner Erzählungen und wird zur Partnerin eines fast nur in Briefen ausgetragenen Liebesverhältnisses. Aus den vorsichtigen Botschaften der Sympathie werden rasch Bekenntnisse einer sich steigernden Leidenschaft. Kafka kann von Milenas Briefen nicht genug bekommen. »Genügt nicht ein einziger, genügt nicht ein Wissen? Gewiß genügt es, aber trotzdem lehnt man sich weit zurück und trinkt die Briefe und weiß nichts, als daß man nicht aufhören will zu trinken.«

Die beiden tauschen »geschriebene Küsse«, glücklich über ihre geistige Nähe, über das Verständnis Milenas für die vernichtenden Ängste, die Kafka seit seiner Kindheit verfolgen. Für sie ist der Dichter Inbegriff jener absoluten Wahrhaftigkeit, die sie bisher immer vergebens gesucht hat. Zwischen April und November 1920 schicken die beiden einander fast täglich Briefe von größter Intensität der Gedanken und der Gefühle. Schließlich kommt es zu einer persönlichen Begegnung in Wien, die glückliche vier Tage dauert. Und zum Wendepunkt ihrer Beziehung wird. Kafka fühlt sich von der Intensität von Milenas Gefühlen bedroht. Und Milena spürt die Diskrepanz zwischen ihrer Sinnlichkeit und Kafkas Strenge. Die beiden treffen einander noch für einen Tag in Gmünd, an der österreichisch-tschechischen Grenze. Das ist das Ende. Der Briefwechsel wird unregelmäßiger, distanzierter und endet im Dezember 1923. Da sind sie wieder per Sie.

»... vielleicht war ich zu sehr Weib, um die Kraft zu haben, mich diesem Leben zu unterwerfen, von dem ich wusste, dass es die strengste Askese bedeuten würde, auf Lebenszeit«, schreibt Milena danach an Max Brod.

Aber Milena wird weltberühmt als die Frau, die einem der

124

größten Dichter des Jahrhunderts nahe war. Über ihren Namen schrieb er: »… was für ein reicher, schwerer Name, vor Fülle kaum zu heben … eine Frau, die man auf den Armen trägt aus der Welt, aus dem Feuer, ich weiß nicht, und sie drückt sich willig und vertrauend dir in die Arme …«

Gina verharrt inzwischen im Alltag der Wiener Kaffeehäuser mit ihren verschlampten Genies, der brodelnden Libertinage. Ihre Beziehung zu Josef Kranz wird immer brüchiger, auch wenn sie auf seiner Seite steht, als er ungerecht der Preistreiberei verdächtigt wird.

Er wird in zweiter Instanz freigesprochen – aber seine Selbstsicherheit ist erschüttert, seine Gesundheit unterminiert. Die Beziehung zu Gina erkaltet.

Die Risse im Gebälk der Monarchie werden immer länger. Das Volk hungert, die Front bricht zusammen. In Wien herrscht Revolution. An ihrer Spitze stehen Ginas Literatenfreunde. Einer von ihnen telefoniert mit der Prager Reichskanzlei und gibt sich dabei als kaiserlich-königliche Sicherheitsverwaltung aus. Am anderen Ende der Leitung ist eine Putzfrau. Sie sagt, die kaiserlich-königliche Sicherheitsverwaltung könne sie am Arsch lecken. Kreuzweise.

»Auf diese Weise erfuhr ich von Österreichs Ende«, schreibt Gina. Und macht sich Gedanken darüber, dass Milena, die mit ihr durch die Gassen Wiens geht, über das Ende des alten Österreichs triumphiert. Die Jahre der Unterdrückung sind für sie, als Tschechin, vorbei.

Vergessen die Zeit im Irrenhaus, weil sie einen deutschen Juden liebte.

Gina steht noch eine Überraschung bevor: Kranz, der die wirtschaftliche Macht der Monarchie und ihren Kapitalismus repräsentiert, fragt sie, ob er der Sozialistischen Partei beitreten solle.

»Das war für mich der Tag, an dem Österreich zusammenbrach«, schreibt sie.

Auch für sie wird alles anders. Ihr Doppelleben ist ihr unerträglich, ihr Bewusstsein für soziale Ungerechtigkeit erwacht. Sie ist jetzt reif für eine neue Existenz. Und findet in dem kommunistischen Literaten Otto Kaus einen neuen Lebenspartner, von dem sie sich ein Kind wünscht. Kaus ist hochintelligent, seine Biografie Dostojewskis erringt höchstes Lob von Franz Kafka. Sein analytischer Geist ist allerdings so scharf, dass Freundschaften und Beziehungen daran scheitern.

Gina erlebt sehr früh, dass er imstande ist, sie zutiefst zu verletzen, in Verzweiflung zu treiben. »… es gelang ihm, an das Chaos zu rühren, das wir alle in uns haben und vor dem wir uns, auch wenn wir es nicht kennen, zutiefst fürchten«, sagte eine Psychiaterin, die ein Verhältnis mit ihm hatte, über ihn.

Aber noch traut Gina sich die Kraft zu, damit fertig zu werden. Sie muss jetzt endlich Ordnung in ihr Leben bringen, seitdem sie weiß, dass sie schwanger ist. Kranz nimmt ihr Bekenntnis zunächst gelassen auf, verschafft ihr ein Zimmer. Und beschuldigt sie ein paar Tage nach ihrem Auszug des Diebstahls und bricht jedes Gespräch mit ihr ab. Jahre später, als Gina sehr erfolgreich und er verarmt ist, kommt es auch nicht zu der vereinbarten Wiederbegegnung.

Gina hat 1919 ihren ersten großen Erfolg: Ihr Stück »Diebe im Haus« wird am Burgtheater uraufgeführt. Allerdings nicht unter ihrem Namen, sondern unter dem Pseudonym Andreas Eckbrecht. Dass sich Gina trotzdem vor dem Vorhang verbeugt, ist eine der amüsanten Widersprüchlichkeiten rund um das Stück, dessen Verschlüsselung von vielen durchschaut wird.

Egon Friedell und Alfred Polgar bescheinigen Gina denn auch – bei allen Längen und Schwächen des Stücks – Talent, Witz, gute Beobachtungsgabe. Gina ist jetzt weit mehr als eine literarische Hoffnung aus dem Café Herrenhof.

Obwohl ihr langsam klar wird, wie problematisch sich ihre

126

Ehe mit Otto Kaus entwickelt, genießt sie ihr Leben mit ihrem Kind und ihren Freunden. Sie hat keine materiellen Sorgen, den Schmuck, den Kranz ihr geschenkt hat, verkauft sie, das Geld legt ihr ein uneigennütziger Verehrer in guten Aktien an. Eine entscheidende Begegnung mit dem Psychiater Alfred Adler gibt ihrer Arbeit neue Impulse. Gina ist fasziniert vom Wissen und der menschlichen Wärme Adlers, sie hört seine Vorlesungen und übernimmt viele seiner Erkenntnisse. In ihrem erfolgreichsten Roman, »Teufel in Seide«, gibt es einen Seelenarzt, der deutliche Ähnlichkeit mit Adler hat.

Dass sie so bestechend klare Menschenporträts zeichnen kann und ihr eigenes Leben so ungeschönt beschreibt, ist ihrer Auseinandersetzung mit Adler zu danken.

Wie ein Wesen aus einer anderen Welt taucht kometenhaft immer wieder eine Frau in der Ferne auf, die den gleichen Vater hat wie sie: Stephanie von Hohenlohe.

Gina ist ihr zum ersten Mal vor dem Ersten Weltkrieg begegnet. Damals hieß Stephanie noch bürgerlich Richter und war, wie Gina Kaus später schreibt, »eine in höchsten Kreisen arbeitende Hure. Sie hatte damals einen ganzen Kreis höchstbezahlter und hauptsächlich von hohen Adeligen beschäftigter Damen, und sie machte mir ein stattliches Angebot.«

Stephanie Richter ist die uneheliche Tochter von Ginas Vater, drei Jahre jünger als sie – im Laufe ihres Lebens fälscht sie beständig ihr Geburtsdatum. Als sie 1972 als Einundachtzigjährige stirbt, ist sie elf Jahre jünger als Gina.

Stephanie, Tochter einer pathologisch ehrgeizigen Mutter, die das Kind von Ginas Vater ihrem Mann, einem kriminell gewordenen Anwalt, unterschiebt, hat früh ein klar definiertes Lebensziel: Sie will einen Prinzen heiraten. Mit vierzehn wird sie Königin – Schönheitskönigin in Gmunden. Aber ein Anfang ist gemacht, das aparte, mollige, völlig ungenierte Mädchen fällt auf. Eine Klientin ihres vermeintlichen Vaters, eine verarmte Prinzessin Metternich, nimmt sich um sie an. Für Stephanie ist diese Beziehung Sprungbrett in die Aristokratie. Sie schläft sich hinauf und wird vom Schwiegersohn Kaiser Franz Josephs, Erzherzog Franz Salvator, schwanger.

Eigentlich ist Stephanie schon dreiundzwanzig, aber für ihre Zwecke ist es nützlicher, noch nicht volljährig zu sein. Mit ihrem falschen Alter erpresst sie ihren fünfundvierzigjährigen Liebhaber, der mit der Kaisertochter Marie Valerie zehn Kinder hat. Sie muss das mit unglaublicher Energie und Kaltblütigkeit betrieben haben. Ein Vater mit großem Namen muss her – und Stephanie hat auch schon einen in Aussicht: Franz Prinz Hohenlohe-Waldenburg-Schillingfürst, Österreichs Militärattaché in St. Petersburg. Sie kennt seine Gutmütigkeit und weiß, dass er hohe Spielschulden hat. Wenn er sie nicht zurückzahlen kann, muss er sich erschießen.

Da ist der Vorschlag, die attraktive Stephanie Richter mit Einverständnis des Kaisers zu heiraten und damit die Schulden loszuwerden, zweifellos die sympathischere Lösung.

Also findet am 12. Mai 1914 die Hochzeit in London statt. Mit einem einzigen Gast: Stephanies Mutter.

Die weit verzweigte Familie Hohenlohe, in der jede Heirat vom Familienoberhaupt genehmigt werden muss, bleibt demonstrativ fern und erkennt Stephanie niemals an.

Mit dieser Hochzeit, bei der sogar die Trauzeugen Fremde sind, beginnt eine der wildesten Frauenkarrieren, die in Wien ihren Ausgang nahmen. Stephanie Hohenlohe gelang es, in kürzester Zeit ein Netzwerk zu knüpfen, in dem sich Prominente wie der Presselord Rothermere, für kurze Zeit auch Hitler, amerikanische und englische Politiker und einige deutsche Zeitungszaren verfingen.

Der Historiker Boris Celovsky und der Journalist Rudolf Stoiber haben mit wissenschaftlicher Akribie diesem Leben in Extremen nachgespürt und es in einer spannenden Biografie beschrieben. Erstaunlicherweise hat Gina Kaus, die so viele

Stephanie Hohenlohe

Anregungen aus ihrer Umgebung aufnahm, das Leben ihrer Halbschwester nur in amüsierten Randbemerkungen kommentiert.

In der Zeit, als Stephanie Hohenlohe, bereits geschieden, mit dem Kind eines Erzherzogs ihren kaltblütigen Aufstieg in die erste Gesellschaft Europas startete, nimmt die schriftstellerische Karriere von Gina Kaus konkrete Formen an. Während Stephanie an den elegantesten Plätzen der Côte d'Azur, von Paris und London die Reichen und Mächtigen für ihre eigenen Zwecke einspannt, schreibt Gina Kaus für die »Arbeiter-

Zeitung« und verkehrt fast ausschließlich mit Linksintellektu-
ellen. Auf dem Höhepunkt der Macht Stephanie Hohenlohes
ist Gina eine der vielen Emigranten Europas.

In Ginas Leben gibt es bald nach ihrer Heirat mit Otto Kaus
einen neuen Mann: Franz Xaver Reichsgraf von Schaffgotsch,
der seinem traditionsreichen Namen zum Trotz ein überzeugter Kommunist ist. Schaffgotsch, ein blonder, sensibler, naiv-
idealistischer Mann ist vom Charme und der Klugheit Ginas
bezaubert und folgt ihr überallhin. Otto Kaus kennt ihn aus
der gemeinsamen Schulzeit in Triest. Er durchschaut sehr
schnell, was da gespielt wird, und macht sich über Gina lustig, als sie ihr Verhältnis leugnet. Er selbst lebt seit Monaten
in Berlin. Warum sollte Gina, eine sinnliche junge Frau, ohne
Mann leben, erklärt er. Wie alle Intellektuellen dieser Zeit plädiert er für die erotische Freizügigkeit.

Als Gina ihren Mann nach einiger Zeit in Berlin besucht, sagt
sie: »Du hast gesagt, es ist nicht normal, wenn ich mit niemand schlafe. Nun, ich bin normal.«

Daraufhin bricht eine gewalttätige Wut in ihm auf, der Gina
fassungslos ausgeliefert ist, Kaus tobt stundenlang durch die
Wohnung und verlangt, dass sie sich sofort von Schaffgotsch
trennt: »Sonst werde ich dein Leben mit der Hacke zerschla-
gen!«

Mit animalischem Furor lebt er sein Besitzdenken aus. Alle
Theorien von Toleranz sind verweht, vergessen. Gina muss
fürchten, dass er ihr das gemeinsame Kind wegnimmt.

Mit analytischer Kälte und sezierendem Sadismus zerstört er
ihr Selbstgefühl, ihren Mut und versetzt sie in dauernde
Angst.

Es bleibt Gina nichts anderes übrig, als sich von Schaffgotsch
zu trennen, der vor Verzweiflung fast zusammenbricht.

Gina bittet Milena, die sich inzwischen auch von ihrem Mann
getrennt hat, sich um Schaffgotsch zu kümmern. Das funktioniert mit verblüffender Promptheit. Gina ist uneitel genug,

130

sich nicht darüber zu kränken, wie schnell der leidenschaftlich Liebende sich mit ihrer Freundin tröstet. Milena, von zwei unglaublich schwierigen Männern verlassen, lebt an der Seite des emotionellen, liebevollen Schaffgotsch wieder auf.

Sie ist nun eine prominente Journalistin, deren Feuilletons und Modeartikel von großen Prager Zeitungen veröffentlicht werden. Als sie schließlich nach Prag zurückkehrt, begrüßt man sie als vorbildlich moderne, aufgeschlossene Frau, die viel zu sagen hat. Sie wird zum Star der Prager Kulturszene. Schaffgotsch, der sie begleitet, ist hier unbekannt und ohne Wurzeln. Er klammert sich an sie, was Milena nicht erträgt. Obwohl sie mit seinen politischen Ideen übereinstimmt, verkörpert er als Aristokrat für sie den Untergang einer Epoche. Und in Prag hat doch eben erst eine neue, demokratische Zeit begonnen.

Milena genießt den Aufschwung des jungen Staats und wird zur Chronistin eines veränderten Lebensstils. Es ist kein Zufall, dass sie sich nach der Trennung von Schaffgotsch in einen Architekten verliebt, dessen schlichte, sachliche Häuser diesem neuen Lebensgefühl Raum geben: Jaromir Krejča. Sie heiratet ihn und bekommt mit 32 Jahren eine Tochter. Privates Glück und beruflicher Erfolg scheinen sie für die Verzweiflung der letzten Jahre zu entschädigen. Aber sie bekommt in der Schwangerschaft eine schwere Gelenksentzündung, die Geburt ist überaus kompliziert und danach hat sie so heftige Schmerzen, dass sie Morphium nehmen muss. Sie kann kaum mehr gehen. Und sie erfährt schließlich, dass die Ursache ihrer Gelenksversteifung eine Gonorrhöe ist. Ihr Mann hat sie damit angesteckt.

Milena und ihr Mann sind Teil der kommunistischen Intelligenz Prags. Jaromir Krejča geht schließlich in die Sowjetunion, um an ihrem Aufbau mitzuarbeiten. Daran scheitert die Ehe.

Milena muss sich allein durch den Alltag kämpfen. Ihre

Krankheit hat tiefe Spuren hinterlassen. Sie hinkt, sie ist drogenabhängig und sie sitzt beruflich zwischen zwei Sesseln. Die bürgerliche Presse lehnt die Arbeiten der überzeugten Kommunistin ab, für die Parteipresse ist sie jedoch zu unangepasst.

Ihr Vater hat sich endgültig von ihr abgewandt und unterstützt sie nicht mehr.

Schließlich bricht sie mit den Kommunisten und findet Arbeit in der anspruchsvollen Wochenzeitung »Přítomnost« (Gegenwart). Hier kann sie endlich zeigen, was in ihr steckt. Ihre Artikel spiegeln die schwierige politische Situation der dreißiger Jahre wider, in der sich die unheilvollen Auswirkungen des Nationalsozialismus bereits abzeichnen.

Milena ist eine reife, anziehende Frau, als sie sich ein letztes Mal in überwältigende Gefühle verstrickt.

Willi Schlamm ist Journalist, verheiratet, und er geht zunächst nach Brüssel, bis er in Amerika als William Schlamm eine große und umstrittene Karriere als Vertreter einer erzkonservativen Politik macht. Das aber erlebt Milena nicht mehr.

»Ich hatte niemand auf der Welt so gern, wie ich dich habe. Ich habe mich im Leben von nichts so schwer gelöst, wie von Dir«, schreibt sie ihm zum Abschied.

Fast alle ihre jüdischen oder politisch exponierten Freunde verlassen das Land. Milena bleibt und wird zur Chronistin des deutschen Überfalls. Sie verhilft noch gefährdeten Freunden zur Flucht – dann wird sie verhaftet und in das Frauenkonzentrationslager Ravensbrück gebracht. Dort ist sie unter fünftausend Frauen Häftling Nummer 4714. Ihre Tochter Jana bleibt bei Milenas Vater.

Milena übersteht bis zum Frühjahr 1944 alle körperlichen und seelischen Nöte und Demütigungen innerhalb der gnadenlosen Vernichtungsmaschinerie. Dann verschlechtert sich ihr körperlicher Zustand rapid, sie hat ein Nierenversagen. Nach einer Bluttransfusion stirbt sie am 17. Mai 1944.

132

Bereits 1938 übergab sie die Briefe Kafkas an den Literaten Willy Haas. Sie erscheinen 1952. Milena, die ihr Leben lang faszinierte und polarisierte und die nach ihrem Tod bald vergessen ist, gewinnt durch die Worte eines angstgepeinigten Sprachgenies wieder Wärme und Kontur.

»Milena ... Du bist für mich keine Frau, bist ein Mädchen, wie ich kein Mädchenhafteres gesehen habe, ich werde Dir ja die Hand nicht zu reichen wagen, Mädchen, die schmutzige, zuckende, krallige, fahrige, unsichere, heiß-kalte Hand.«

Mit Gespür hat auch Gina Kaus Milenas Wert erkannt und sich dabei von Äußerlichkeiten nicht beirren lassen. Die Toleranz, die sie für ihr eigenes Leben beansprucht, gibt sie ungeteilt an andere weiter.

Gina ist im fünften Monat schwanger, als Otto Kaus sie um ihre Existenzgrundlage bringt. Plötzlich entdeckt der Mann, der Kapitalisten hasst, die Lust am Spekulieren. Und vernichtet folgerichtig Ginas Kapital, von dem auch er lebt. Gina steht ohne einen Groschen Geld da – eine Situation, die sich noch öfter wiederholen wird. Kaus geht nach Berlin und redet wieder einmal davon, ein neues Leben zu beginnen.

Gina reagiert auf diese Katastrophe mit – Glücksgefühl. Sie ist frei: Ihr Geld ist weg, der Mann, der sie quälte, hat sie verlassen. Und sie weiß, dass sie nicht untergehen wird. »Frauen wie Sie finden immer Männer, die ihnen helfen«, sagt einer, der ihr in vielen Schwierigkeiten zur Seite stehen wird: Karl Kraus. Mit scharfem Blick entdeckt er, dass Gina Kaus ein Mensch ist, der Nehmen und Geben in harmonischer Balance hält. Gina trifft Karl Kraus bei einer sehr klugen, sehr kultivierten Kokotte, mit der beide befreundet sind. Karl Kraus schätzt Ginas kritischen Verstand ebenso wie ihre erotische Freizügigkeit. Sie erzählt ihm von ihren Männern, was ihm sichtlich gefällt, und er findet, dass Kranz der interessanteste von allen war. Zwischen der jungen Schriftstellerin und dem kritischsten Geist seiner Zeit baut sich eine eigenartige Beziehung auf.

Jeden Morgen, wenn Kraus zu arbeiten aufhört und Gina aufwacht, ruft er an. Zehn Jahre lang, bis zu seinem Tod.

Sie bewundert seine Prägnanz und fürchtet sein Urteil über ihre eigene Arbeit. Er schätzt ihr Talent und respektiert, dass sie seine wütenden Feindschaften nicht mitmacht.

Ihre Existenz ist bis nach der Entbindung durch einen uneigennützigen Verehrer gesichert, aber darauf verlässt sie sich nicht. Gina hat eine Idee, die sich als tragfähig erweist: Sie gründet eine Zeitschrift für Mütter. Das ist etwas völlig Neues. Die Zeit ist reif dafür, die Erkenntnisse der modernen Medizin, der Psychologie und der Pädagogik zu popularisieren. Gina kennt genug Fachleute, die Beiträge liefern. Die muss sie umschreiben, um sie allgemeinverständlich zu machen. Dem Gedanken der Volksbildung ist sie durch ihre Mitarbeit an der »Arbeiter-Zeitung« verbunden.

Inzwischen hat sich wieder jemand – ohne ihr Zutun – in sie verliebt: Zur Abwechslung ist es diesmal eine Frau. Gina stellt klar, dass sie keinerlei lesbische Neigungen hat, aber ihre Anbeterin lässt sich nicht abschrecken und überschüttet sie während ihrer Schwangerschaft und im Kindbett mit Luxus aller Art. Dass sie das Geld dafür einem Mann verdankt, der sich als ihr »Retter« versteht, amüsiert Gina, die vertrackte Situationen schätzt. Karl Kraus hat weniger Humor, er zieht sich entsetzt zurück, als er die grelle Anbeterin an Ginas Wochenbett erlebt. Aber er bleibt weiterhin ein verlässlicher Freund, der ungebeten Ginas Telefonrechnungen zahlt, als ihr wieder einmal das Telefon abgesperrt wird, und der ihr aus dem recht häufigen finanziellen Schlamassel hilft.

Ginas Zeitung »Die Mutter« erweckt Interesse. In einer Zeit, in der sich die alten Normen als unbrauchbar erweisen, suchen aufgeschlossene Eltern Informationen, wie sie ihre Kinder zu glücklichen, gesunden Menschen erziehen können. Die Erkenntnisse Freuds und Adlers sind neu, spannend, umstritten. Gina versteht es, sie leicht fassbar und nachvollziehbar zu machen. Ihre Fantasie hilft ihr, neue Formen der Information zu finden. So schreibt sie Briefe eines Babys an seine Mutter, in denen es seine Bedürfnisse erklärt: warum es schreit, sich gegen Überfütterung wehrt, Affenliebe ablehnt.

Die Literatin Gina Kaus setzt sich mit der Kindheit großer Menschen auseinander. Sie lässt den Deutschlehrer von Karl Kraus, Professor H. St. Sedlmayer, dem Kraus die »Ode an einen alten Lehrer« gewidmet hat, zu Wort kommen. Er schildert, wie der dreizehnjährige Karl Kraus zu ihm kam und ihm klagte, er sei »gar so schwach im Deutschen«. Und: »Schreiben kann ich nicht. Ich hab keinen Stil.« Worauf ihm der Lehrer ein Sachbuch über den deutschen Aufsatz empfahl. Ihm aber auch mitgab: »Stil hat der Mensch in sich.«

Gina Kaus muss sich nicht nur um die Redaktion, sondern auch um die Finanzen der Zeitschrift kümmern. Sie begreift, dass eine Publikation nicht nur von den Lesern lebt, und ärgert sich mit unverlässlichen Anzeigenvertretern herum.

Bald erkennt sie aber auch, wie begrenzt die Thematik dieser Zeitschrift ist, und versucht sie dem großen Berliner Ullstein Verlag zu verkaufen. Dort ist man nur mäßig an diesem Projekt, aber weit mehr an der literarischen Arbeit von Gina Kaus interessiert. Sie bekommt einen Vertrag, der ihre Arbeit sofort beflügelt. Sie schreibt Romane, Theaterstücke, Novellen, die sofort gedruckt bzw. aufgeführt werden.

Gina Kaus ist nicht nur eine blendende Schreiberin mit Lebenserfahrung und Menschenkenntnis, sie hat sich als Journalistin beträchtliche Professionalität angeeignet. Sie weiß genau, was gedruckt und gelesen wird, und sie schreibt – auf hohem Niveau – nie mehr für die Schreibtischlade. Ihre erfolgreichsten Jahre beginnen.

Während Gina zwischen Berlin und Wien pendelt und eine geachtete Persönlichkeit beider Literaturszenen wird, beginnt ihre Halbschwester Stephanie Hohenlohe ihre Klimmzüge in den Steilwänden der internationalen Gesellschaft.

Gleich nach der Hochzeit hat Stephanie ihren Mann wissen lassen, dass sie getrennte Lebensbereiche wünsche. Ihr Kind kommt auf die Welt, es heißt Franz, wie der leibliche und der offizielle Vater. Ihre alten aristokratischen Verehrer stellen sich schnell wieder ein.

Nach einigen Jahren lässt sich ihr Mann scheiden – an Stephanies Leben ändert sich nichts. Nur als er wieder heiratet und sie eine Konfrontation mit einer respektableren Prinzessin Hohenlohe fürchten muss, setzt sie mit Erfolg alle Hebel in Bewegung, um ihn aus ihrem späteren Lebensbereich – London – fern zu halten.

Stephanie ist intelligent, ungebildet, von überwältigendem Selbstbewusstsein, das ihr bis ins hohe Alter erhalten bleibt, und sie besitzt den kaltblütigen Jagdinstinkt eines Raubtiers.

Zwei Eigenschaften, die sie mit Gina teilt, machen sie unwiderstehlich: ihre erotische Anziehungskraft und ihr Talent, Menschen zu durchschauen. Stephanie verwendet sie ausschließlich dazu, um Menschen zu manipulieren und sich dienstbar zu machen.

Durch ihre Heirat ist sie ungarische Staatsbürgerin, was sich in den kommenden unruhigen Zeiten als sehr nützlich erweisen wird.

Von Wien, das nach dem Ersten Weltkrieg für lange Zeit seinen Glanz einbüßt, verabschiedet sie sich bald. Ihre aristokratische Klientel ist zum größten Teil verarmt, die Schieber und Spekulanten, die das Gesellschaftsleben dominieren, sind an internationalen Maßstäben gemessen kleine Fische.

Stephanie übersiedelt nach Frankreich. In Deauville und an der Côte d'Azur findet sie Männer nach ihrem Geschmack: russische Großfürsten, Ölmillionäre, englische Herzöge und eine Kategorie von Mächtigen, deren Nützlichkeit sie sofort erkennt: Zeitungsherausgeber. Bis in ihr hohes Alter bleiben sie ihre wichtigsten Kontakte. Über sie kann sie ihre Beziehungen ausbauen und lukrativ verkaufen. Das Produkt ihrer

136

Tratschsucht ist viel Geld wert, wenn man es den Richtigen anbietet.

Der erste Zeitungszar ihres Lebens ist gleich ein Riesenkaliber. Lord Rothermere besitzt drei große englische Zeitungen, darunter die »Daily Mail«.

Stephanie ist Mitte dreißig – offiziell um einiges jünger –, als sie den von Frauen schnell entflammten Endfünfziger Rothermere kennen lernt. Keine Frage, dass sie ihn im Handumdrehen erobert. Stephanie ist auch als junge Frau keine Schönheit, sie ist klein, gedrungen, ihr Gesicht ist unregelmäßig, aber ehe das ein Mann entdecken kann, ist er bereits im Bann ihrer Vitalität, ihres aggressiven Charmes und ihrer spannenden Gespräche.

Die Sensibilität, die Gina Kaus für die Feinzeichnung ihrer Charaktere einsetzt, macht die Sprechstellerin Stephanie Hohenlohe zur Präzisionswaffe ihrer Jagdzüge. Sensibel ist sie allerdings nur beim Erkennen von Schwächen, nicht bei der Durchsetzung ihrer Ziele.

Stephanie liest keine Bücher, sie beschäftigt sich mit nichts, das sie für nutzlos hält. Aber alles, was sich für ihr Weiterkommen innerhalb der ersten Gesellschaft verwenden lässt, speichert sie und setzt es bei Bedarf zielsicher ein. Sprachen fliegen ihr zu, alle eleganten Sport- und Spielarten beherrscht sie. Informationen vernetzt sie mit dem größten Raffinement.

Lord Rothermere ist genauso wenig aus altem Adel wie sie. Er kommt aus desolaten Verhältnissen wie Stephanie. Mit dreißig war er bereits Millionär, das half ihm, in die erste Gesellschaft aufzusteigen und sich den Titel Viscount Lord Rothermere zu kaufen.

Stephanie spürt genau, was dieser Mann, der fast alles hat, noch braucht: internationale Beachtung.

Und so gibt sie ihm die Idee ein, zum Retter Ungarns zu werden. Ungarn verlor nach dem Ersten Weltkrieg im Vertrag von Trianon große Teile seines Gebiets an Jugoslawien,

Rumänien, die Tschechoslowakei. Diese nationale Schmach sollte getilgt werden. In einem reißerischen Artikel fordert Lord Rothermere 1927 »Ungarns Platz an der Sonne«. Durch eine Volksabstimmung könnten die verlorenen Gebiete zurückgeholt werden.

Kein Problem, die betroffenen Länder dabei in Schach zu halten: Sie würden einfach keine internationalen Kredite mehr bekommen. Der Artikel schlägt wie eine Bombe ein. Die Ungarn jubeln, ihre betroffenen Nachbarstaaten toben. Die englische Regierung ist nicht sehr amüsiert über diesen politischen Alleingang Lord Rothermeres. Alle rätseln, welche Absichten er mit dieser Kampagne verfolgt. Nur Stephanie kennt sie: Lord Rothermere wünscht, seinen Sohn Esmond zum König von Ungarn zu machen. Stephanie, der Ungarn vollkommen egal ist, stülpt eine neue Maske über: die der glühenden ungarischen Patriotin.

Was sie tatsächlich antreibt – hier und überall –, beschreiben Rudolf Stoiber und Boris Celovsky: »… ihre Lust an politischer Intrige und ihre Leidenschaft, die Mächtigen dieser Welt, Staatsmänner, Könige, Finanziers, Ölmillionäre, Zeitungsmagnaten, Großindustrielle, alle, die Einfluss hatten, nach Belieben wie Figuren auf dem Schachbrett der Geschichte hin- und herzuschieben und dafür bezahlt zu werden.«

Sie teilt diese Leidenschaft allerdings mit einer Reihe von Berufspolitikern, die für ihre Durchsetzung noch wirksamere Mittel haben als sie.

Das »Königreich Ungarn« mit seinem Sohn auf dem Thron bleibt also der Traum eines entfesselten Zeitungsmagnaten. Als er daraus erwacht, versucht er sich einigermaßen diplomatisch aus der Affäre zu ziehen und Otto von Habsburg als Thronprätendenten vorzuschlagen. Stephanie muss deswegen Kontakt mit Kaiserin Zita aufnehmen und mit ziemlich viel Geld winken, damit die Habsburgerin sich in Rothermeres Pläne einbinden lässt. Kaiserin Zita ist zwar ziemlich arm, aber für derart unseriöse Pläne lässt sie sich nicht einspannen. Sie lehnt degoutiert ab – was Stephanie unverständlich bleibt. Keine Frage, wie sie entschieden hätte. Hunderttausend Dollar pro Jahr – davon kann sie nur träumen. Aber leider will niemand ihren Sohn auf irgendeinem Thron sehen. Stephanie Hohenlohe, die immer nur an den ersten Adressen wohnt, die Modellkleider und Schmuck der besten Modehäuser trägt, ist nichts anderes als eine mit Erpressertalent ausgestattete Schmarotzerin am Tisch der Reichen. Die Rolls-Royce, in denen sie zu ihren Interventionen anrauscht, sind geliehen. Die Miete muss sie immer wieder schuldig bleiben. Sie hat keinerlei fixe Einkünfte. Ihr erotischer und diplomatischer Einsatz wird von Lord Rothermere nach Lust und Laune honoriert. Wie ein Brief Rothermeres beweist, fordert sie immer hemmungsloser von ihm Geld und Schmuck, was ihm sichtlich auf die Nerven geht. Schließlich gelingt es ihr, ihm einen hochdotierten Vertrag als Ideenlieferantin abzupressen, der sie in die absurdeste Mission ihres Lebens treibt.

Während Stephanie in London um ihre fragwürdige Existenz kämpft, beginnt für Gina ein neuer, sehr erfolgreicher Lebensabschnitt. Zu ihrer Erleichterung hat sich Otto Kaus anderen Frauen zugewandt und ist endlich bereit, sich von ihr scheiden zu lassen.

Sie verdient gut, ihre Romane und Novellen finden Anklang. Im Café Herrenhof steht sie im Mittelpunkt angeregter Gespräche. Friedrich Torberg stellte fest, dass sich Karl Kraus immer besonders wohl fühlte, wenn Gina Kaus anwesend war. »Sie besaß die kostbare Gabe, Gespräche nicht nur zu führen, sondern auch zu steuern – und zwar von der übergroßen Ernstnahme weg.« Ein Klima der Offenheit und Toleranz, des unpathetischen Tiefgangs und der geistreichen Brillanz macht das Café Herrenhof für Gina zu einem Platz, an dem sie sich wohl fühlt.

Sein liebenswürdigster Chronist, Milan Dubrovic, schrieb

139

darüber: »Einigkeit herrschte in der Überzeugung, dass ein sinnvolles und produktives Gespräch zwischen Mann und Frau nur auf der Basis eines vorher exekutierten sexuellen Erlebnisses möglich ist, wobei die Initiative zu dem Akte im Sinne matriarchalischer Idealvorstellungen womöglich von seiten der jeweiligen Partnerin erfolgen sollte.«

Das bleibt allerdings Theorie. Im Café Herrenhof geben trotz aller weiblichen Libertinage Männer den Ton an. Ernst Polak, zum Beispiel, den Milena – den schönsten Kafka-Briefen zum Trotz – nicht vergessen kann, obwohl er sie dauernd betrügt. Oder Dr. Otto Groß, ein Freudschüler und Kommunist, der den Slogan »Eigentum ist Diebstahl« auch auf den erotischen Bereich ausdehnt. Er will möglichst viele junge Mädchen heiraten – um ihnen die völlige sexuelle Freiheit zu geben. Die großzügige Theorie scheitert an der banalen Praxis: Seine Frau lässt sich nicht scheiden. Aber seine Ideen leben über seine Freundin Frieda von Richthofen in der Weltliteratur weiter: in »Lady Chatterley«, zu der sie ihren späteren Mann H. D. Lawrence inspiriert hat.

Gina traf in diesem unbeschwerten Milieu einen Mann, der sie zwar nicht erotisch, aber durch seinen skurrilen Witz bezauberte: Fritz von Herzmanovsky-Orlando. Sie lädt ihn mit Freunden zu sich zu einer Lesung unveröffentlichter Werke ein. Es liest aus dem »Gaulschreck im Rosennetz«, von dem alle Zuhörer, darunter ein Meister des geschliffenen Worts, Alfred Polgar, hingerissen sind. Das Buch selbst, das bald darauf erscheint, findet dann nur bei Insidern Beachtung. Zum großen Erfolg wird der »Gaulschreck« erst in der 1957 erschienenen Bearbeitung durch Friedrich Torberg.

In der erotisch aufgeladenen Atmosphäre ihres Freundeskreises scheint es nicht viel zu bedeuten, dass sich der Mann ihrer Freundin Ella in Gina verliebt. Eduard Frischauer ist ein sehr anziehender, sinnlicher Mann und die freizügige Ella amüsiert sich darüber, dass zur Abwechslung Gina das Ziel seines

Begehrens ist. »Er fliegt auf dich und du weißt, es macht mir Vergnügen, wenn er sein Vergnügen hat«, sagt sie.

Gina ist zunächst desinteressiert, aber nach einem seltsamen Traum landet sie doch mit Eduard Frischauer im Bett.

Aus einer Liebelei wird schließlich eine leidenschaftliche Affäre, in der Gina etwas kennen lernt, das ihr bisher völlig fremd war: Eifersucht. Der Gedanke, dass er immer wieder zu seiner Frau heimkehrt, peinigt sie. Auch die tolerante Ella vergisst, dass sie immer für eine offene Ehe plädiert hat. Sie macht einen Selbstmordversuch.

Die gemeinsamen Freunde beginnen Gina zu ächten.

Durch Flucht nach Berlin versucht sie ihre innere Ruhe wiederzuerlangen. Sie gerät in einen Wirbel von Erfolgen. Für ihr Stück »Toni« bekommt sie den Goethe-Preis. Danach wird es an fast allen großen Bühnen – auch bei Reinhardt in Berlin – aufgeführt. In Prag spielt Paula Wessely die Hauptrolle. Sie ist für Gina die ideale Interpretin.

Gina schreibt Roman auf Roman. Manche davon fast wie in Trance. Die großen Illustrierten bringen Vorabdrucke und zahlen erstklassige Honorare.

Besonders erfolgreich ist ihr Roman »Die Überfahrt«, der auf einem Ozeandampfer spielt. In kunstvoller Technik vernetzt sie die Schicksale der Passagiere, die ihrer Herkunft entsprechend in drei Klassen reisen. Der Einzige, der sich frei zwischen ihnen bewegt, ist der Schiffsarzt.

Für diesen Stoff bekommt sie von der amerikanischen Paramount ihren ersten Filmvertrag und verdient dabei 15 000 Dollar, in den dreißiger Jahren ein Vermögen. Es ist ihr erster Schritt in Richtung Hollywood.

Doch ihre großen beruflichen Erfolge und ihre Versuche, sich mit anderen Männern zu trösten, können ihre Leidenschaft für Eduard Frischauer nicht dämpfen. Die beiden sehen einander immer wieder und können nicht voneinander loskommen. Schließlich gibt Ella den Kampf um ihren Mann auf.

Nach vielen Jahren der Einschränkung, der Unsicherheit hat Gina jetzt genug Geld, um ein angenehmes Leben zu führen. Sie kommt nach Wien zurück und mietet eine luxuriöse Wohnung im Philipphof, vis-à-vis der Albertina, in dem auch der elegante Jockey-Club residiert. Knapp vor Kriegsende wird dieses Haus durch Bomben zerstört, Hunderte Menschen werden darunter verschüttet. Heute befindet sich auf dem Areal des Philipphofs das Mahnmal für die jüdischen Opfer Wiens, das Alfred Hrdlicka gestaltet hat.

Das junge Paar zieht in die Wohnung mit dem wunderbaren Blick über die Dächer Wiens ein. Eduard Frischauer, der ein prominenter Anwalt ist, hat hier auch seine Kanzlei. Er ist ein rührender Vater für Ginas Söhne und Gina nimmt sich um seine Tochter aus der Ehe mit Ella an. Alle Anzeichen für diese Beziehung sind gut, die Anziehungskraft beider hat die vielen Trennungen überstanden. Sie haben Erfolg in ihren Berufen. Aber Eduard ist ein Spieler, der bereits ein Vermögen verloren hat. Gina zahlt seine Schulden in der Vorstellung, damit reinen Tisch gemacht zu haben.

Alle sind optimistisch, dass ihr neues Leben gut weitergehen werde. Und dann wird, fünf Tage nach Ginas Einzug in die neue Wohnung, am 30. Januar 1933, Hitler deutscher Reichskanzler.

Am 10. Mai desselben Jahres lodert in Berlin ein riesiger Scheiterhaufen zum Himmel, auf dem die Bücher der geistigen Elite Deutschlands verbrannt werden. Hundertdreißig Schriftsteller fallen diesem Akt mittelalterlicher Barbarei zum Opfer. Studenten und SA-Leute werfen Buch um Buch ins Feuer, begleitet von Marschmusik und pathetischen Sprüchen.

Alles was Freiheit, Aufklärung, Toleranz, Humanität repräsentiert, geht in den Flammen auf: die Werke Sigmund Freuds und Karl Marx', Heinrich Manns, Arthur Schnitzlers, Stefan Zweigs, Gina Kaus'. »Nie zuvor bin ich in besserer Ge-

142

sellschaft gewesen«, resümiert sie. Mit ihren Büchern verglimmt ihre Zukunft als Autorin deutscher Verlage.

Sieben Monate nach der Bücherverbrennung steht ihre Halbschwester Stephanie Hohenlohe in der Berliner Reichskanzlei vor Adolf Hitler. Er küsst ihr die Hand, macht ihr den Hof, lässt ihr Tee servieren. Stephanie ist wieder einmal Abgesandte von Lord Rothermere. Der hat vom unsicheren Geschäft mit Monarchien in dieser Zeit genug und wendet sich dem weit sichereren Faschismus zu. Rothermere ist einer von vielen einflussreichen Engländern, die Hitler Wohlwollen und geschäftliche Erwartungen entgegenbringen. Er ist überzeugt davon, dass Hitlers Macht sich auf ganz Europa ausdehnen wird, und will ihn rechtzeitig wissen lassen, dass der Diktator mit ihm rechnen kann.

Hitler ist beeindruckt vom Interesse des Lords und vom Auftreten der Prinzessin.

Während Stephanie Hitler hoheitsvoll schmeichelt, registriert sie seine kleinbürgerlich gespreizte Sprache, die hässliche Nase, den Chaplin-Bart, die unmöglichen Glanzlederschuhe zu Waffenrock und Uniformhose.

Aber immerhin: Augen und Hände findet sie schön. Wenn er nur nicht immer mit dem Daumennagel die Haut seines Zeigefingers zerkratzen würde.

Ihr erster Besuch ist ein Erfolg, bald geht Stephanie Hohenlohe bei Hitler ein und aus. Sie bringt ihm als Geschenk Rothermeres einen schweren Goldrahmen von Cartier, der ein Bild des Lords umfasst und auf der Rückseite einen Artikel aus dem Jahr 1930, in dem der Zeitungsmagnat Hitler in der »Daily Mail« als Mann der Zukunft bezeichnet hat. Hitler ist beeindruckt, lädt den Spender samt Sohn nach Deutschland ein. Stephanie arrangiert im Auftrag Rothermeres ein Galadiner, bei dem sie Hitler fürsorglich eine vegetarische Platte servieren lässt.

Das Diner gerät zwar protokollarisch aus den Fugen, weil Hitler niemand zu Wort kommen lässt, auch Rothermere

143

nicht, der einen Trinkspruch ausbringen will. Aber trotzdem ist das Zusammensein ein Erfolg: Rothermere bekommt jetzt Exklusivmeldungen direkt aus der Reichskanzlei. Die Beziehung zu Hitler festigt sich.

Die Konkurrenzzeitung »Daily Express« schreibt süffisant: »Die ›Daily Mail‹ ist offensichtlich die erste Eroberung Hitlers.«

Stephanie versteht es geschickt, sich gegenüber Hitler als Initiatorin dieser vorteilhaften Verbindung darzustellen. Ohne mit der Wimper zu zucken, hört sie sich seine Ausfälle gegen das Weltjudentum an, das auch in England die Presse kontrolliert.

Natürlich gerät eine so auffallende Person wie Stephanie Hohenlohe sehr bald ins Zielfeuer anderer Interessengruppen. Sie spüren ihrer fragwürdigen Karriere nach, und bald wird Hitler darauf aufmerksam gemacht, dass die von ihm so verehrte Prinzessin »jüdisch versippt« sei. Das wischt er zunächst vom Tisch. Stephanie hat ihn inzwischen so umgarnt, dass er von ungelenken Handküssen zu neckischem Wangenzwicken und Haarestreicheln übergegangen ist. Er lässt sich mit ihr fotografieren und schickt ihr das Bild mit herzlichen Worten. Stephanie bekommt von ihm einen Hund – natürlich einen Wolfshund. Sie dankt entzückt, gibt ihn in Pflege und vergisst ihn.

Ihre Erfahrung sagt ihr, dass sie keine Chance hat, ihre unwiderstehlichsten Argumente anzubringen. Aber in Hitlers Umgebung gibt es einen Mann, der darauf begeistert anspricht: sein Adjutant Fritz Wiedemann. Ihm kann Stephanie auch persönlich mehr abgewinnen als dem hölzern-spießigen Hitler. Fritz Wiedemann stammt von einem bayerischen Bauernhof, er war im Ersten Weltkrieg Hitlers Vorgesetzter und machte dann gemeinsam mit ihm Karriere. Stephanies Kennerblick entgeht nicht, dass er ein sportlicher, draufgängerischer Mann ist, bauernschlau und doch ziemlich naiv gegenüber den Finessen ihrer Verführung.

144

Und er ist der Mann, auf den Hitler hört.

Für Stephanie, die nichts so erotisch findet wie Macht und ungehemmten Zugang zu Geld, ist Fritz Wiedemann wie geschaffen. Sie sind beide fünfundvierzig Jahre alt, Wiedemann ist verheiratet und in etliche Liebesverhältnisse verstrickt. Das stört sie überhaupt nicht. Es gibt für sie genug Ausweichmöglichkeiten und ihre vielen Reisen machen sie dem eher schlicht gestrickten Wiedemann interessant und erstrebenswert.

Sie kann einen so anhänglichen Komplizen jetzt gut gebrauchen, denn ihre Gegner mehren sich. Joachim von Ribbentrop, Botschafter in London und später deutscher Außenminister, ist einer der heftigsten. Er trifft sie dort, wo sie am verletzlichsten ist, in ihrem gesellschaftlichen Ehrgeiz. Bewusst lädt er sie nicht zu der hochkarätig besetzten Krönungsfeier für König Georg VI. in der deutschen Botschaft in London ein. Stephanie beschwert sich bei Hitler. Ribbentrop erklärt seine Entscheidung: Stephanie sei weder gesellschaftlich anerkannt noch »rassenrein«. Es nützt nichts. Stephanie bekommt ihre Einladung und triumphiert. Was Ribbentrop zu einem noch verbisseneren Feind Stephanies und ihres Liebhabers Wiedemann macht. Auch wenn er das jetzt nicht mehr zeigt.

Aber nun erwächst Stephanie in einer Engländerin aus erster Familie eine unerwartete Konkurrenz: Unity Mitford, Tochter des stockkonservativen Lord Redesdale und Schwägerin des englischen Faschistenführers Sir Oswald Mosley, ist eine viel bessere weil naiv-ekstatische Heldenverehrerin als sie.

Zum Unterschied von Stephanie verfügt sie über eine makellose Herkunft. Und sie ist um vieles exzentrischer, denn anders als die fragwürdige Prinzessin muss sie nichts beweisen. In der gesamten Familie Mitford wimmelt es nur so von spleenigen Gestalten, die Unitys berühmter Schwester, der Schriftstellerin Nancy Mitford, saftigen Stoff für ihre Romane aus der britischen Upperclass geben.

Unity wächst mit sechs Schwestern und einem Bruder auf einem englischen Landsitz auf, der von ihrem Vater zu einer Art Gefängnis stilisiert wurde, aus dem sich die Kinder mit Fantasie, Witz und einer gehörigen Portion Bosheit zu befreien suchen. Lord Redesdale hat Unity auch noch einen zweiten Namen aufgebürdet, der wie eine Vorahnung ihres künftigen Schicksals klingt: Valkyrie – Walküre.

»Nancy liebte ihre exzentrische jüngere Schwester, die mit ihren statuenhaften Proportionen, ihrem ausdruckslosen Gesicht und dem dichten Blondhaar tatsächlich jenen kriegerischen Jungfrauen glich, nach denen sie benannt war. Unity besaß Charme und Originalität, sie konnte sehr witzig sein und ihre Naivität hatte etwas Liebenswertes«, schreibt Selina Hastings, Nancy Mitfords Biografin.

Eine kontrastreichere Gegenspielerin als Unity konnte sich kein Drehbuchautor für Stephanie Hohenlohe ausdenken.

Unity kommt mit ihrer Schwester Diana im Sommer 1933 nach Deutschland, um den Nürnberger Parteitag zu besuchen. Diana steht in enger Beziehung zu Sir Oswald Mosley, dem britischen Faschistenführer. Sie wird ihre Hochzeit mit ihm unter der Obhut von Magda Goebbels feiern, mit Hitler als Gast.

Zum Entsetzen mancher ihrer britischen Freunde kommen die beiden kultivierten jungen Frauen völlig überdreht vor Begeisterung über Hitler aus Deutschland zurück. Unity empfindet so etwas wie ekstatische Erleuchtung, was ihre Freunde allerdings als Verdunklung des Verstands interpretieren. Die Choreografie der Aufmärsche von Scharen sportlicher junger Männer, die einpeitschende Musik, das bellende Stakkato von Hitlers Stimme werden zu einer Droge für sie.

Kaum zu Hause, beschließt sie nach München zu gehen, um Deutsch zu lernen. Dort lauert sie Hitler an allen Plätzen auf, die er besucht, und lernt ihn schließlich kennen. Sie ist hinge-

146

rissen, dass er ihr eine Hakenkreuznadel mit seiner gravierten Unterschrift schenkt. Im schwarzen Hemd, mit schwarzen Handschuhen erscheint sie bei Hitlerkundgebungen. Folgsam wiederholt sie die antisemitischen Floskeln, die sie dort hört, und schmückt alle Briefe nach Hause mit Nazisymbolen und Nazigrüßen.

Mit spöttischer Verunglimpfung ihres Nazivokabulars versucht ihre Schwester Nancy sie zu bekehren. Aus Horst Wessel macht sie hoarse vessel (heiseres Schiff) und aus Mein Kampf mine comf. (comf. kann comfort = Trost oder comfit = Konfekt bedeuten). Ihre aussichtslosen Bemühungen, Unity zur Räson zu bringen, bezeichnet sie als mine uncomf. (uncomfort – Unbehagen). Nancy verewigt Unity auch als liebenswerte, reichlich verrückte Heldin eines Romans. In dem lässt sie Unity dem spinösen Anführer Captain Jack verfallen, der sich ein noch körperwarmes Abzeichen vom Leib reißt, um es der Heldin anzustecken.

Unity ist wütend und huldigt Hitler noch leidenschaftlicher. Gar nicht so wenige ihrer Freunde und Verwandten teilen in etwas gemäßigterer Weise ihre Begeisterung, natürlich ihre Schwester Diana und auch ihre Mutter. Sogar Nancy wird für kurze Zeit davon angesteckt.

Viele englische Aristokraten teilen das elitäre Denken Hitlers und seinen Judenhass und sie sind – vielleicht in Erinnerung an die Raubritter, von denen sie abstammen, beeindruckt von seinen Erfolgen.

Stephanie Hohenlohe registriert sehr schnell, dass sich mit der aus diesem Umfeld stammenden Unity eine gefährliche Nebenbuhlerin ins Spiel um Hitler schiebt. Wenn es jemand ist, der Hitler wichtige Verbindungen zu England schafft, dann will sie es sein. Und sie will dafür auch – zum Unterschied von Unity – abkassieren.

Beim Reichsparteitag 1935 sitzen beide Frauen auf der Ehrentribüne und finden einander abscheulich.

147

Instinktiv spürt Stephanie, was Unity ihr alles voraus hat: die ungebrochene Sicherheit ihrer Herkunft, die ihr jede Exzentrik erlaubt, und noch dazu die familiäre Nähe zu Sir Oswald Mosley. Stephanie ist raffiniert, abgefeimt und durch ihre ständige Geldnot hochmotiviert. Außerdem hat sie eine untadelige Bundesgenossin: Lady Snowden, eine in Deutschland akkreditierte Auslandskorrespondentin aus der gleichen Kaste wie Unity. Mit ihr erscheint Stephanie bei allen politischen und gesellschaftlichen Anlässen. Das alles dient ihrem eigenen Prestige in England, vor allem bei ihrem Geldgeber Lord Rothermere. Stephanie sorgt dafür, dass nicht nur seine Zeitungen sie als eine der vertrautesten Freundinnen Hitlers bezeichnen.

Während Stephanie Hohenlohe sich auf dem Gipfel ihrer Macht sonnt, werden die Zeiten für ihre Halbschwester Gina düster. Ihre Haupteinnahmequellen, die Honorare deutscher Verlage, sind für sie versiegt. Zum Glück ist sie bereits so bekannt, dass ihr ein holländischer Verlag, der sich um die von den Nazis verbotenen Autoren annimmt, einen Vertrag gibt. Er wird allerdings nicht viel einbringen. Ihr neuer Roman »Die Schwestern Kleh« erscheint bereits in einem amerikanischen und in einem englischen Verlag in Übersetzung.

Es ist erstaunlich, dass eine Frau mit so viel Gespür für unterschwellige Strömungen nicht die gleichen Konsequenzen wie viele ihrer Freunde zieht und Österreich verlässt. Sie nimmt von einem nach dem anderen Abschied: von Bert Brecht, Robert Neumann und vielen anderen. Und bleibt. Wie so viele jüdische Familien Wiens, die sich von Hitlers Hass nicht betroffen fühlen. Sie sind in erster Linie Österreicher.

Die geplante Hochzeit kann nicht stattfinden: Eduard Frischauer ist katholisch und geschieden und das bedeutet, dass er jetzt nicht mehr heiraten darf. Bundeskanzler Dollfuß schaffte das 1918 eingeführte Konkordat ab, das in solchen Fällen Dispensehen ermöglichte.

Aber ob es der Staat erlaubt oder nicht, Gina und Eduard Frischauer leben ein großbürgerliches Familienleben mit Kindern und Personal und gepflegter Gastlichkeit.

Ginas wilde Zeit ist vorbei, sie ist eine engagierte Mutter, die ihre hochintelligenten Kinder liebt und fördert.

Sie findet in dieser Zeit das große Thema ihres Lebens: Katharina die Große. Deren Autobiografie beginnt mit den Worten: »Bei meiner Geburt herrschte geringe Freude. Meine Eltern hatten sich einen Sohn gewünscht.«

Diese Sätze treffen sie tief. Sie passen auch auf ihr eigenes Leben. Der Wunsch, wie ein Mann zu leben, bestimmte ihr Schicksal wie das der großen Katharina.

Gina vergräbt sich in den Dokumenten aus der Zeit Katharinas. Und als sie von ihrem englischen Verleger nach London eingeladen wird, ihr letztes Buch zu präsentieren, arbeitet sie dort an der Katharina-Biografie weiter.

In London leben viele Wiener Emigranten, die Gina zum Gedankenaustausch trifft. Einige haben bereits ahnungsvoll eine Passage nach Amerika gebucht, wie der Dichter und Regisseur Berthold Viertel. Seine Frau Salka lebt bereits in Hollywood und schreibt die Drehbücher der besten Garbo-Filme.

In London erlebt Gina hautnah die Auswirkungen von Stephanie Hohenlohes Privat-Diplomatie. Viele Zeitungen sind prononciert hitlerfreundlich, viele Intellektuelle sehen es als Privatspleen der Deutschen an, antisemitisch zu sein.

Im PEN-Club redet kein Mensch von den Bücherverbrennungen, wenn der deutsche Delegierte zu Gast ist.

Gina kehrt nach Wien zurück und vollendet ihre »Katharina«. Eine Biografie, die heute, mehr als sechzig Jahre nach der Entstehung, so blutvoll, aufregend und berührend ist, als wäre sie gestern geschrieben worden.

Gina Kaus erstellt das Psychogramm einer Frau, deren Stolz so groß ist, dass sie auch die tiefsten Demütigungen ertragen kann, wenn sie ein Ziel erreichen will.

Katharina, eine Prinzessin aus dem kleinen deutschen Fürstentum Anhalt-Zerbst, wird von der russischen Zarin ausersehen, deren Thronfolger, den späteren Zaren Peter III., zu heiraten.

Was zunächst als Erlösung aus der isolierten, chancenlosen Provinz erscheint, wird zum Albtraum. Peter ist infantil, boshaft, intellektuell seiner schönen, klugen und ehrgeizigen Frau weit unterlegen. Peter rächt sich auf seine Art: Er verletzt und erniedrigt Katharina vor seinen Favoritinnen. Katharina wartet. Und richtet sich heimlich ein eigenes Leben ein, mit Beratern, Liebhabern, ergebenen Freunden, die gemeinsam mit ihr einen Umsturz vorbereiten.

»Ihre Verschwörung war ein Wahnsinn und schlecht angezettelt«, schreibt der nüchterne Beobachter auf Preußens Thron, Friedrich II.

Tatsächlich gehen Katharina und ihr Liebhaber und Mitverschwörer Grigorij Orlow ungeheure Risiken ein. Aber sie haben das Glück der Desperados.

In einem Augenblick gewinnt Katharina die Soldaten, lässt sich von ihrer Begeisterung für sie tragen. Regiment um Regiment schließt sich ihr an. Der Hass auf Peter wandelt sich in leidenschaftliche Liebe zu dieser Frau, die ihre Hilfe braucht.

Katharina wird als Kaiserin und Herrscherin Russlands vereidigt. Es ist die Stunde ihres größten Triumphs, auf den sie seit Jahren und unter größten Leiden gewartet hat.

Aber auf den Rausch folgt die Ernüchterung. Peter III. wird gefangen genommen. Und im Gefängnis ermordet. Katharina hat dabei nicht – wie ihr oft unterstellt wurde – die Hand im Spiel. Es sind ihre Mitverschwörer, die sich mit dem Blut des Zaren beflecken. Aber es gibt nur einen Menschen, dem dieser Tod nützt: Katharina.

Der Mörder des Zaren ist der Bruder ihres Geliebten Orlow. Beide haben ihr zur Macht verholfen. Sie lässt sie nicht anklagen. Der Mord bleibt ungerächt.

Kaum, dass Katharina den Thron bestiegen hat, zahlt sie den höchsten Preis für ihre Macht: ihre Integrität.

Als Zarin gehört sie zu den besten, fortschrittlichsten Herrschern Russlands – damit rechtfertigt sie wohl ihr Leben lang diese Schuld. Aber letztlich scheitert auch sie daran, ein unregierbares Land in die Zivilisation zu führen.

Gina Kaus zeichnet mit ihrer ganzen Leidenschaft und größter Sympathie für die ihr so ähnliche Katharina eine ganz moderne Frauenfigur im Spannungsfeld zwischen Intellekt und Erotomanie. Das Buch wird ihr erster großer internationaler Erfolg. Es erscheint in England und Amerika und wird von einer der großen amerikanischen Buchgemeinschaften gekauft. Es wird in viele Sprachen übersetzt und Gina wird bestürmt, noch einen historischen Roman zu schreiben. Diesmal sind ihre Heldinnen zwei Frauen, die nach der Französischen Revolution um die Vorherrschaft in Paris kämpfen: Madame Tallien und Joséphine Beauharnais, die spätere Frau Napoleons.

Und dann wirft ein historisches Ereignis alle Pläne Ginas durcheinander: Hitler marschiert in Österreich ein.

Und wie immer, wenn die Gefahr am größten ist, entwickelt sie eiskalte Entschlossenheit. Sie selbst ist durch ihre Ehe mit Kaus italienische Staatsbürgerin. Ihre Kinder auch. Sie bekommt im letzten Moment einen italienischen Pass und ein befreundeter Bühnenverleger schickt ihr ein Telegramm mit einer beruflichen Einladung nach Paris, das ihre Abreise motiviert.

Mit zwei kleinen Koffern und ein paar hundert Schilling verlässt sie die Wohnung, die sie mit der Arbeit von Jahren geschaffen hat, lässt eine Bibliothek mit 10 000 Bänden zurück, sämtliche für ihre Arbeit so wichtigen Unterlagen und alle persönlichen Erinnerungen.

Mit ihrer Familie besteigt sie den Zug nach Zürich, zitternd, ob sie Eduard Frischauer, der nur österreichische Papiere hat, durch die Nazikontrollen bringt. Es gelingt. Alle kommen nach Zürich. Ohne Besitz. Aber Neuanfänge ist Gina gewohnt. Während sie ihre ganze materielle Existenz in Wien zurücklassen muss, geht ihre Halbschwester Stephanie Hohenlohe auf einen Eroberungszug nach Amerika. Was ihr in England so spielend gelang, die Presse hitlerfreundlich zu stimmen, muss doch auch in Amerika möglich sein, denkt sie. Und holt sich ihre erste Schlappe.

In Amerika schätzt man die Lage in Deutschland realistischer ein und Stephanie rennt gegen Wände. All ihre erprobten Tricks können daran nichts ändern. Sie kehrt nach Europa zurück und erfährt ihre nächste Niederlage: Lord Rothermere kündigt ihre Dienste auf. Jetzt ist sie nur noch auf ihre nationalsozialistischen Förderer angewiesen.

Aber sie hat immerhin einen verlässlichen Bundesgenossen, Fritz Wiedemann, der ihr nach wie vor verfallen ist und den sie nach Lust und Laune für ihre Zwecke einsetzen kann.

Während Gina Kaus in Paris, wohin sie ihr Bühnenverleger holt, eine neue, höchst unsichere Karriere als Drehbuchautorin beginnt und sich hauptsächlich mit der Rettung missglückter Drehbücher abmüht, erlebt Stephanie Hohenlohe ihren größten Triumph.

In der Berliner Reichskanzlei überreicht ihr Hitler feierlich das Goldene Ehrenzeichen der NSDAP. Der Mann, der das Judentum ausrotten will, überreicht die höchste Auszeichnung seiner Partei einer Frau mit zwei jüdischen Eltern.

Damit hat Stephanie etwas gewonnen, was sie jedem entgegenhalten kann, der ihr ihre Herkunft vorhält. Was sie noch viel tiefer befriedigt: Unity Mitford hat dieses Ehrenzeichen nicht bekommen.

Und dann landet sie noch einen weiteren Coup. Göring liegt es sehr daran, eine offizielle Einladung nach England zu bekommen, die ihm auch der deutsche Botschafter Ribbentrop nicht verschaffen konnte. Stephanie Hohenlohe lässt ihre Beziehungen spielen.

Jetzt ist er in ihrer Schuld und Stephanie genießt nichts mehr als das. Sie verlangt sofort eine Gegenleistung – ein Schloss. Nicht irgendein Schloss, sondern ein ganz besonderes: Schloss Leopoldskron.

Der bezaubernde Barockbau war bis vor kurzem der repräsentative Wohnsitz des Theaterzauberers Max Reinhardt. Er ist Jude, musste vor Hitler emigrieren. Stephanie findet nichts dabei, sich dieses Schloss zu nehmen.

Seine Geschichte ist voll der Brüche. Gebaut wurde Leopoldskron 1736 im heitersten, elegantesten Barockstil von Fürsterzbischof Leopold Anton von Firmian. Er war ein besonders aggressiver Vertreter der Gegenreform. Als sich die Protestanten des Landes der Bekehrung durch die Jesuiten widersetzten, vertrieb Salzburgs oberster Hirte 30 000 von ihnen und zog ihre Güter ein. Durchaus möglich, dass ein Teil dieses Besitzes in den Bau von Leopoldskron gesteckt wurde. Eine Zeitlang war das Schloss im Besitz der Habsburger. Als Max Reinhardt das idyllisch an einem Teich gelegene Schloss 1918 von der Berliner Kaufmannsfamilie Wolf erwarb, war es desolat und heruntergewirtschaftet. Reinhardt ließ vor allem die Gesellschaftsräume aufwendig restaurieren. Die Bibliothek ist eine Nachbildung der berühmten Stiftsbibliothek von St. Gallen. Aus ganz Europa kamen die kostbarsten Möbel und Kunstgegenstände, von weit her die exotischen Tiere für den Park. Nur bei den Installationen von Heizung, Bädern und Küche wurde gespart.

Als Reinhardt diese wunderbare Inszenierung eines Hauses beendet hatte, fehlten ihm die erlesenen Darsteller, die es beleben sollten. Reinhardts Sohn Gottfried schildert in seinen Erinnerungen an den Vater, dass es der Besitz von Leopoldskron war, der Max Reinhardt bewog, seine Idee von Festspielen in Salzburg zu realisieren. Vorher hatte er an München, Darmstadt, Zürich, an den Engadin und sogar an Dürnstein gedacht. Nun war es klar: Die Festspiele mussten nach Salzburg und

Schloss Leopoldskron wurde ihre kostbar-intime Nebenbühne. »Leopoldskron war im besten Sinne ›for show‹«, schreibt Gottfried Reinhardt. »Keine ›show‹, um zu imponieren … Wenn ich ›show‹ sage, so meine ich im Sinne von Schauspiel. Mein Vater *spielte* Leopoldskron, und obgleich Größenwahn nicht zu seinen Fehlern zählte, spielte er nie bescheiden.«

Leopoldskron wird zur Bühne für große Sänger, Dirigenten, Schauspieler, Aristokraten, Kardinäle, Industriemagnaten, Nobelpreisträger, Society-Schönheiten. Sie ziehen effektvoll an den fackeltragenden Domestiken vorbei ins Schloss und werden von Reinhardt und seiner zweiten Frau Helene Thimig empfangen.

Manchmal wird hier auch Theater gespielt: Molières »Eingebildeter Kranker« mit Max Pallenberg in der Titelrolle und dem genial improvisierenden Schriftsteller und Schauspieler Egon Friedell. Spiel und Wirklichkeit durchdringen einander und verwirren einen amerikanischen Theateragenten, dem der Schriftsteller Franz Molnár einredet, all die Herzoginnen, Generäle, Diplomaten und Wissenschafter seien nur Statisten.

»In vielen Stunden unseres Lebens schenkte uns dieses schöne Haus dieses köstliche Gefühl, das wir unser Leben lang im Leben und in der Kunst suchten, das Gefühl, eine Handbreit über dem Boden zu sein«, schreibt Helene Thimig in ihren Erinnerungen.

Als Hitler Österreich okkupiert, ist Reinhardt in Amerika und kann nicht mehr zurück. Er muss alles verlassen, was er bisher geschaffen hat. Von Leopoldskron trennte er sich am schwersten. In einem Brief an Helene Thimig schreibt er: »… ich habe es lebendig gemacht. Ich habe jedes Zimmer, jeden Tisch, jeden Sessel, jedes Licht, jedes Bild gelebt. Ich habe gebaut, gezeichnet, geschmückt, gepflanzt und geträumt davon, wenn ich nicht da war … Ich habe es immer feiertäglich geliebt; nie als etwas Alltägliches.«

Nun zieht Stephanie Hohenlohe in Leopoldskron ein. Auf die Idee hatte sie ein Mitarbeiter Reinhardts gebracht: Rudolf K. Kommer a. Cz. (aus Czernowitz) – wie auf seinen Visitenkarten steht. Er ist ein wendiges, witziges Kommunikationsgenie, das seine Finger in tausend Geschäften hat. »Nachts ließ er in der Bar zum Abschluss die Juden jodeln und die Nazis jüdeln und den deutschen General ahnungsvoll singen: Oh, du mein Österreich! So löste er auf seine Weise zwischen morgendlichem Kaffee und nächtlicher Leberwurst alle politischen, wirtschaftlichen und sozialen Probleme, um die sich vorher und nachher die Völker totschlugen.« So schildert Gottfried Reinhardt den Mitarbeiter seines Vaters.

Rudolf Kommer kannte Stephanie Hohenlohe von Urlauben im Salzkammergut, begegnete ihr dann in London wieder und widerstand ihrem in jeder Hinsicht einnehmenden Wesen genauso wenig wie die meisten Männer. Später sollte er anfangen ihre Memoiren zu schreiben.

Kommer fand, es sei noch immer besser, wenn Stephanie Leopoldskron bekam als die Gestapo, die es beschlagnahmt hatte.

Tatsächlich ist die Salzburger Gauleitung sehr an dem Schloss interessiert. Aber Stephanie gelingt es wieder, gemeinsam mit dem Hitler-Adjutanten Wiedemann, ihre Widersacher auszuhebeln. Allerdings bleibt Leopoldskron im Besitz des Landes, sie kann dort auf Wunsch Hitlers leben und die Gäste der Salzburger Festspiele empfangen. Aber die große Gesellschaft, die bei Reinhardt ein und aus ging, bleibt Salzburg fern. Die Nazigrößen kommen zwar, aber sie meiden Leopoldskron.

Wiedemann verschafft Stephanie Hohenlohe gewaltige Summen für die Renovierung, die sie zum Teil auf private Konten transferiert. Nun, da sie ein Schloss für sich hat, repariert sie auch einen störenden Schönheitsfehler: Sie verheiratet ihre Mutter mit einem uralten ungarischen Baron und kann jetzt bei Uninformierten auf ihre standesgemäße Herkunft verweisen.

Sie sichert sich nach allen Richtungen ab und schickt einige Kisten von Max Reinhardts Besitz an Helene Thimig: »Allerdings nur Plunder«, stellt Gottfried Reinhardt fest.

Jahre später, als sie sich vor den amerikanischen Einwanderungsbehörden reinwaschen will, verlangt sie von Reinhardt – vergeblich – einen Persilschein. Aber Rudolf Kommer versichert in einem gefälligen Brief, sie hätte das Barockjuwel vor den Barbaren gerettet.

Stephanie Hohenlohes Dasein als Schlossherrin geht schneller zu Ende, als sie gerechnet hat. Im Dezember 1938 platzt die Bombe: Hitler erfährt von ihrer Liaison mit Wiedemann und sieht wohl jetzt so manche Transaktion seines Adjutanten in einem anderen Licht. Er verbannt Wiedemann, der kaum Englisch kann, als deutschen Generalkonsul nach San Francisco. Stephanie Hohenlohe setzt sich, so schnell sie kann, nach England und nach Kriegsausbruch nach Amerika ab.

Knapp nach der Kriegserklärung Hitlers an England schießt sich Unity Mitford eine Kugel durch den Kopf. Erst nach Jahren schwerster Behinderung stirbt sie in England daran.

Gina Kaus beginnt nach ihrer Flucht aus Wien mit ihren Kindern ein neues Leben in Paris. Zum Glück hat sie Kontakt zu dem später international bekannten Filmproduzenten Emmerich Preßburger, der ihr Drehbuchaufträge und einen Vorschuss zum Überleben gibt. Mit bewundernswerter Konzentration stürzt sie sich auf die Arbeit, die ständigen Änderungen während der Dreharbeiten unterworfen ist. Daneben muss sie für ihre Söhne, die nicht Französisch können, Schulen finden, für sich eine Aufenthaltsgenehmigung durchsetzen, ihre Mutter und ihren Bruder aus Wien zu sich holen und dafür sorgen, dass Eduard Frischauer, der in Zürich geblieben ist, nicht abgeschoben wird. Es gelingt ihr sogar, Eduard nach Paris zu holen. Aber als Anwalt kann er nicht arbeiten. Er spielt in

Clubs in Vertretung reicher Leute Bridge und bekommt Prozente, wenn er gewinnt. Gina muss häufig seine Verluste decken. Wie sie es unter all diesen Belastungen fertig bringt, ein neues Buch zu schreiben, ist ihr Geheimnis. Es ist die Geschichte der »eifersüchtigsten Frau der Welt«, die einem schwachen Mann das Leben zur Hölle macht. Es beginnt mit dem Satz: »Die Mutter pflegte zu sagen: Albert ist ein Mensch, den man nicht allein lassen kann.« Damit ist alles über einen Mann gesagt, der sich in den Netzen einer krankhaft possessiven, erpresserischen Frau verfängt. All die schmutzigen Tricks, die Stephanie Hohenlohe im großen Maßstab anwendet, gibt Gina Kaus ihrer Titelheldin im Privaten mit. Der ursprüngliche Titel des Romans ist »Der Teufel nebenan«. Als »Teufel in Seide« wird er im Nachkriegsdeutschland ihr größter Buch- und Filmerfolg. Aber 1939, als er erscheint, wird er kaum wahrgenommen. Nur ein Bruchteil des Geldes, das er später einspielen wird, hätte Gina in den letzten Wochen vor Kriegsausbruch schwerste Belastungen erspart.

Sie weiß, dass sie und ihre Familie Europa verlassen müssen, sie verschafft Visa für alle, hat auch schon das Geld für die Passage beisammen. Aber Eduard Frischauer verspielt es. Zwei Tage vor der Abfahrt des gebuchten Schiffs steht Gina ohne Geld da. Sie weiß, dass es um ihrer aller Leben geht, das Schiff zu erreichen. Sie bettelt alle wohlhabenden Freunde ergebnislos an. Schließlich wendet sie sich – ohne Hoffnung – an ihre Filmfirma, die mit ihren Drehbüchern Millionen verdient hat. Und bekommt die lebensrettenden 1000 Dollar.

Am 1. September 1939, dem Tag, an dem Hitler in Polen einfällt, geht sie mit ihrer Familie an Bord der »Ile de France«, die bis in den letzten Winkeln mit Flüchtlingen überladen ist. Nach nervenzerfetzendem Warten und einer Zwischenlandung in Portsmouth legt die »Ile de France« endlich ab – zu einer Zickzackfahrt über den Atlantik, auf der Flucht vor deutschen U-Booten. Nach zehn statt nach fünf Tagen erreichen

157

die Flüchtlinge New York – und ein Internierungslager in Ellis Island, wo sie zitternd auf die Einreiseerlaubnis warten.

Mit 106 Gepäckstücken bezieht Stephanie Hohenlohe vier Monate später ihre Luxuskabine, um Europa in Richtung Amerika zu verlassen. Ein Erpressungsversuch an ihrem Geldgeber Lord Rothermere ist geplatzt, sie hat den darauffolgenden Prozess verloren. In verächtlicher Großmut hat ihr Rothermere die Prozesskosten ersetzt – aber das große Geld, das sie erwartet hat, verweigert er. Ihre Zukunftsaussichten in Amerika sind genauso düster wie für ihre Halbschwester Gina Kaus. Aber sie hat nicht die mindesten Skrupel, mit ihrer Mutter, der frischgebackenen Baronin, in die teuersten Hotels zu ziehen und ungebrochen auf neue Opfer zu lauern. Immerhin: Fritz Wiedemann ist Generalkonsul in San Francisco und ihr noch immer zärtlich ergeben. Und das internationale Netzwerk, an dem sie in den letzten zwanzig Jahren gewebt hat, erscheint ihr tragfähig für eine neue Existenz.

Sie ahnt allerdings nicht, dass sie im Fadenkreuz des FBI steht, das ihre Schachzüge mit Verblüffung über ihre Frechheit und voll Wut, noch nichts gegen sie unternehmen zu können, beobachtet.

Instinktiv ahnt Stephanie, dass sie dringend einen einflussreichen Protektor braucht, dem sie mit bewährten Tricks den Kopf verdrehen kann. Sie findet ihn in Major Lemuel Schofield, dem Leiter der US-Einwanderungs- und Nationalisierungsbehörde, der ihr noch außerordentlich nützlich sein wird. Wie die von Boris Celovsky und Rudolf Stoiber zitierten Briefe beweisen, verliert Schofield programmgemäß den Verstand. »Ich mache deinetwegen so viel Verrücktes, weil ich wahnsinnig nach dir bin.«

Fotos aus dieser Zeit zeigen Stephanie als kurzbeinige, dickliche Frau mit starken Brauen über schmalen Augen, Adlernase und – Siegerlächeln. Sie ist stets nach der aktuellsten, teuersten Mode gekleidet. Ihre Haltung signalisiert unwiderstehliche Energie. Und die ist, wie sie beweist, effektvoller als Schönheit, Klugheit und Liebenswürdigkeit.

Stephanie und Major Schofield ahnen nicht, dass jeder ihrer Schritte beobachtet wird, dass es Fotos der allerprivatesten Begegnungen gibt. Und dass sich Präsident Roosevelt und FBI-Direktor Hoover über die Frechheit der Hoheit Hohenlohe verblüfft amüsieren. Sie haben schon vorher Grund zum Staunen gehabt, als Stephanie Hohenlohe gemeinsam mit Freund Wiedemann und dem in Amerika sehr einflussreichen englischen Geheimdienstmann Sir William Wiseman einen Friedensplan zwischen Deutschland und England auskochten.

Offenbar fand Stephanie, es wäre wieder Zeit, Weltpolitik zu machen, und dabei zwei der größten Schlappen ihres Lebens zu kompensieren. Keine Frage, dass Hitler sie in Gnaden aufnehmen würde, wenn sie ihm die Fortführung des Krieges ersparte.

Das vielfältig vernetzte Intrigenspiel, in dem sich Wiedemann aus der Bedeutungslosigkeit seines Postens lösen wollte und in dem der pensionierte Geheimdienstmann Sir William Wiseman noch einmal Muskeln zeigen konnte, hatte noch einen vierten, einen idealistischen Beteiligten: Rudolf K. Kommer a. Cz., der hoffte, durch einen Friedensschluss den Nationalsozialismus auszuschalten.

Das FBI wusste über diese Geheimverhandlungen Bescheid und nahm sie ernst genug, um sie zu torpedieren. Dass Amerika an der Seite Englands bald in den Krieg eintreten würde, stand damals schon fest.

Stephanie Hohenlohe darf sich weiterhin des intensivsten Interesses der Behörden erfreuen. Einen Tag nach dem japanischen Angriff auf die amerikanische Flotte in Pearl Harbour am 8. Dezember 1941 wird sie verhaftet. Jetzt endlich hat der amerikanische Geheimdienst Zugriff auf die aalglatte Intrigantin und steckt sie für dreieinhalb Jahre in ein Internierungslager.

Es nützt ihr nichts, dass sie sich mit dem Verrat ihres Geliebten Schofield zu retten versucht. Erst nach dem Waffenstillstand 1945 wird sie freigelassen.

Ihre Halbschwester Gina Kaus aktiviert ein Höchstmaß an Energie und harter Arbeit, um sich in Amerika durchzusetzen. Ihr amerikanischer Verleger holt sie zwar aus dem Internierungslager von Ellis Island, in dem sie nach der Landung festgehalten wurde. Aber ihre Hoffnung, dass ihr Buch »Der Teufel nebenan« von einem der großen amerikanischen Verlage herausgebracht wird, erfüllt sich nicht. Sie hat kein Geld, aber sie findet einen Ausweg. Ohne Englisch zu können schreibt sie für ein Magazin melodramatische »True stories«, die ihr Bruder für sie übersetzt. Damit hält sie sich über Wasser, bis ihr Bühnenverleger sie nach Hollywood holt. Eduard Frischauer könnte als Bridgelehrer ein sicheres Einkommen haben, aber das langweilt ihn zu sehr. In Hollywood wird Gina Kaus rasch Teil der großen Maschinerie: Sie muss um ihr Leben schreiben, wenn sie nicht über Nacht arbeitslos sein will.

»Es war sicher nicht gut für meine Reputation, dass ich jeden Job annahm, auch wenn mir die Geschichte nicht gefiel, oder wenn ich das Gefühl hatte, dass sie mir nicht lag, aber ich brauchte das Geld. Wir waren jetzt eine sechsköpfige Familie und ich war diejenige, die sie erhalten musste«, schreibt sie.

Sie mietet ein Haus, findet eine Haushälterin und bietet ihren beiden Kindern, Eduard, mit dem sie inzwischen verheiratet ist, ihrer Mutter und ihrem Bruder eine Existenz.

Sehr viele ihrer Emigrantenfreunde kapitulieren vor den mörderischen Arbeitsbedingungen in den Filmstudios. Sie kämpft sich mit Talent und Disziplin durch und macht sich in einer Sprache, die sie mühevoll erobert, einen Namen. Sie schreibt eigene Drehbücher für »The wife takes a flyer«, oder »They all kissed the bride«, in unzähligen Filmen ist sie Co-Autorin oder Retterin verkrachter Skripts. Mit ihren leichtfüßig-eleganten Übersetzungen ist sie auch am Erfolg amerikanischer Boulevardkomödien wie Neil Simons »Barfuß im Park« oder »Ein seltsames Paar« im deutschen Sprachraum beteiligt.

Ihre Ehe mit dem immer passiver werdenden Eduard Frischauer geht auf sehr lakonische Weise auseinander. Meist liegt er noch im Bett, wenn Gina nach intensiver Arbeit nach Haus zum Essen kommt. Als er sich weigert, ihr einen Aschenbecher herüberzureichen, sagt sie: »Ich lass mich scheiden.« Und tut es auch. Damit ist das Kapitel Mann, das ihr einmal so wichtig war, beendet.

»Ich bin keine Ninon L'Enclos, die bis ins Alter erotisch reagierte, ich bin in dieser Hinsicht völlig erloschen.«

An ihre großen Romanerfolge kann sie nicht mehr anknüpfen. Aber ihr letzter Roman, »Teufel in Seide«, wird im Nachkriegsdeutschland ein Bestseller mit einer Auflage von 350 000 und ein preisgekrönter Film.

Gina Kaus kommt nur zu Besuchen nach Österreich und Deutschland. Das Wiedersehen mit den Städten und Landschaften ihrer Jugend bedeutet ihr viel. Aber nicht genug, um sie ganz zurückkehren zu lassen. Zuviel hat sich verändert, zu viele alte Freunde gibt es nicht mehr. Es zieht sie wieder nach Amerika, wo ihre Söhne – als Richter und als Professor für Physik – Karriere machen. Und wo sie inmitten von Freunden lebt, die, wie sie, den großen Bruch in ihrem Schicksal überlebt haben.

Wenn es nach den Behörden gegangen wäre, hätte Stephanie Hohenlohe Amerika nach Kriegsende sofort verlassen müssen. Sie gilt als feindliche Ausländerin und soll mit Gewalt abgeschoben werden. Aber es geht nicht nach dem Willen der Behörden, sondern nach dem Kopf einer Frau, die mit allen Tricks und Finten darum kämpft zu bleiben. Ihr Verbündeter ist wieder Lemuel Schofield, der einstige Chef der Einwanderungsbehörde, der entweder von ihrem Verrat nichts weiß oder sich nicht darum kümmert. Er ist ihr noch immer mit Haut und Haar verfallen und sorgt dafür, dass sie all den Luxus hat, den sie braucht.

Schofield ist ein gefinkelter Anwalt, der ihr hilft, die Behörden zu übertölpeln. Sie gibt auf seinem Landgut große Empfänge, präsentiert sich als die bestangezogene Frau des Jahres 1953 und bringt es zustande, dass sich Schofield ihr zuliebe scheiden lässt. Aber knapp vor der Hochzeit stirbt er, ohne ihr ein Legat zu hinterlassen. Wieder einmal scheint sie vor dem Nichts zu stehen. Aber nicht lange. Schofield hat enorme Steuerschulden, die sie dem Finanzministerium anzeigt. Dafür bekommt sie eine hohe Belohnung und ihre eigenen Steuerschulden werden ihr erlassen. Den legalen Erben bleibt von einem Riesenvermögen nichts …

Stephanie Hohenlohe ist siebzig, als sie eine neue Karriere startet. Sie hat lange genug im Zeitungsgeschäft gearbeitet, um zu wissen, dass ihre amerikanischen Beziehungen ein Kapital sind. Amerika ist für deutsche Verlage ein wichtiges Thema, aber noch gibt es keine Korrespondenten. Und so bietet sie sich an, gegen Honorar Verbindungen zu prominenten US-Politikern, Managern, Journalisten herzustellen. Sie arbeitet für die Illustrierten »Quick« und »Stern«, vermittelt Interviews, Zugang zu Informationsquellen und sie sorgt auch dafür, dass deutsche Medien in Amerika bekannt werden.

Schließlich handelt sie auch noch mit Axel Springer einen lukrativen Vertrag aus. Sie ist achtzig, als sie ihn unterzeichnet. Springer ist tief beeindruckt von ihrer Persönlichkeit, ihrem unverwitterten weiblichen Charme, und schließt Freundschaft mit ihr. Stephanie revanchiert sich mit einem von ihr beschafften Ehrendoktorat einer amerikanischen Universität.

In Genf, wo sie schließlich ihren Wohnsitz hat, stirbt sie mit einundachtzig Jahren. Auf ihrem Grabstein ist ihre letzte Lüge verewigt: ihr Alter von siebenundsechzig Jahren.

Gina Kaus überlebt ihre Halbschwester um dreizehn Jahre.

Sie ist fünfundachtzig, als sie ihre völlig offenen, unge-
schminkten Memoiren veröffentlicht. Sie zeigen sie mit allen
Fehlern, Schwächen und ihrem unbändigen Lebenswillen,
ihrem überragenden Talent, Menschen zu erkennen und zu
verbinden, das sie niemals missbraucht hat. Das Buch ist ein
Stück Zeit- und Frauengeschichte, hervorgegangen aus einer
enormen Gedächtnisleistung. 1985 stirbt sie mit einundneun-
zig Jahren in Santa Monica.

Und was sie ihrer Katharina der Großen zuschreibt, gilt für
sie selbst. Auch sie hatte jene »einmalige Mischung aus Geist
und Güte, Glut und Gier, Genie und Glück«, die große Verführerinnen unwiderstehlich macht.

VERSTÖRENDE BETÖRUNG

Lotte Lenya

Jede Nacht die gleiche Qual. Der Vater kommt betrunken heim, reißt die kleine Karoline aus dem Schlaf und zwingt sie, für ihn zu singen.

Fast bewusstlos vor Müdigkeit kräht sie: »Wenn der Auerhahn balzt und das Rotkehlchen schnalzt.« Dann reißt die Kinderstimme ab.

Wütend packt der Vater die Petroleumlampe und wirft sie dem Mädchen ins Gesicht. Zum Glück erlöscht die Flamme im Flug. Der Schock bleibt unvergessen.

Nie wird Karoline so schön singen wie jene andere Karoline, die so viel hübscher und begabter war als sie, sagt der Vater. Niemand widerspricht ihm, denn die ältere Tochter, deren Namen er der jüngeren gab, ist tot.

»Sing, Linnerl«, sagt der Vater. Und das Kind singt gegen eine Erinnerung an, die es nie besiegen kann. Die Mutter birgt das Kind schließlich in einer Bettkiste, die sie mit einem Holzbrett überdeckt. Dann vergisst der betrunkene Vater die Tochter und schläft ein.

Ein Kind mit einem Namen aus zweiter Hand, das mit der

Liebe für eine andere aufwächst: Karoline Wilhelmine Charlotte Blamauer aus Wien. Als Lotte Lenya wird sie Weltkarriere machen. Aber auch ein reiches langes Leben wird ihren Nachholbedarf an Geborgenheit nie stillen können.

Karoline Blamauer kommt 1898 in Penzing, einem damals noch ländlichen Wiener Außenbezirk, zur Welt. Die Mutter ist Wäscherin, der Vater Kutscher. In der winzigen Wohnung müssen vier Kinder und ein Bettgeher, der nur hier schläft, Platz finden.

Gewalt gehört zum Alltag der Familie und sie richtet sich vor allem gegen das Kind, das keine Anstalten macht, wie seine Schwester zu werden. Die überlebende Karoline hat ein unregelmäßiges Gesicht mit übergroßen Augen, einem willensstarken Kinn und einem breiten Mund. Nichts erinnert an die engellockige Schönheit der anderen, die mit jeder Beschwörung des Vaters liebenswerter wird.

»Nein, Linnerl, hübsch bist du nicht, aber den Männern wirst g'fallen«, wird sie getröstet.

Das Mädchen tut alles, um zu gefallen. Es poliert schon als Fünfjährige die Messinggeländer im Stiegenhaus, es lernt so intensiv, dass es in eine Schule für Hochbegabte versetzt wird. Es tanzt in ungarischer Tracht mit dem Tamburin und balanciert auf dem Seil im kleinen, armen Zirkus in der Nachbarschaft.

Mit vierzehn muss Karoline die Schule verlassen und mitverdienen. Sie arbeitet in einer Hutfabrik. Und sie geht auf den Strich. Keiner in der Familie fragt, woher das Geld kommt.

Jahre später wird Lotte Lenya einer Freundin von dieser frühen Erfahrung erzählen – ohne Schuldgefühl, ohne Scham. Es ist eben so, wie es ist. Und auch die bescheidenste Zärtlichkeit wildfremder Männer, der kurzlebige Triumph, Macht über sie zu haben, ist besser als alles, was sie daheim erlebt.

Eine Schwester ihrer Mutter nimmt sie zu Beginn des Ersten Weltkriegs mit in die Schweiz. Dort macht sie eine Tanzausbildung, die sie mit Hausarbeit, Postkartenverkauf, Statisterie und – Männern finanziert. Das aparte, nach herkömmlichem Geschmack keineswegs hübsche Mädchen gefällt – wie es ihre Mutter vorausgesagt hat.

Gerade weil Karoline so anders ist, interessiert und betört sie Männer wie Frauen. Sie zieht Menschen nicht nur durch ihre starke Erotik, ihren Humor, ihre Direktheit an, sondern auch durch ihre Verletzlichkeit, ihre Sehnsucht nach Nähe und Geborgenheit. Einer der ersten, der auch diese Signale beantwortet, ist Richard Revy, Schauspieler, Regisseur und Schauspiellehrer in Zürich. Er öffnet der jungen Frau, die unter ihrer Unwissenheit leidet, den ersten Zugang zur Literatur.

Und gibt ihr einen Namen, der nur ihr gehört und der nicht mit den Erinnerungen an eine andere beladen ist: Lenja. Daraus wird später: Lenya. Lotte Lenya.

In Zürich erschließt sich ihr eine neue Welt. Sie geht viel ins Theater, spielt selbst kleine Rollen. Im Café Voltaire erlebt sie die Dadaisten, die in ihrem anarchischen Kabarett versuchen, die Literatur zu zertrümmern.

Nur als Stimme aus dem Orchestergraben begegnet ihr bei einem Vorsprechen ein Mann, der später ihr Lebensmensch werden soll: der Musiker Kurt Weill.

Im Ensemble des Züricher Theaters ist noch eine andere Österreicherin, zart, bildschön, verzaubernd: Elisabeth Bergner. Die beiden jungen Schauspielerinnen teilen eine Garderobe und umkreisen einander neugierig.

Die Bergner, nur ein Jahr älter als Lotte Lenya, ist ihr an Sicherheit, Reife, Lebenskultur weit überlegen. Sie stammt aus einer bürgerlichen jüdischen Familie, die das Kind auf ungewöhnliche Weise förderte: ein Hauslehrer, aus dem später ein berühmter Psychotherapeut wird, konfrontiert Elisabeth mit Stegreiftheater und Psychodrama.

»Sie wird Schauspielerin«, sagt er.

Die Lenya bestaunt diese Kollegin, die es so viel leichter hat als sie selbst, die mit den Albträumen ihrer Kindheit kämpft und sich nach dem Gesetz der Straße nimmt, was sie bekommen kann. Als Neunzehnjährige ist in Elisabeth Bergner bereits alles fertig entwickelt, was sie später zum Star macht: die magische Fähigkeit, mit den schwierigsten Charakteren eins zu werden, ihnen ihre Stimme, ihre Haltung, ihre Energie zu geben. Sie ist sich dieser Fähigkeit total bewusst.

Privat wie auf der Bühne bezaubert sie mit ihrer androgynen Anmut, ihrer Undurchschaubarkeit, ihrem koboldhaften Witz. Das Spiel mit Menschen geht bei ihr auch weiter, wenn der Vorhang fällt – manchmal mit tragischem Ausgang. Der bekannte Schauspieler Alexander Moissi verliert ihretwegen fast den Verstand, der Bildhauer Lehmbruck bringt sich um, Tilly Wedekind macht einen Selbstmordversuch, weil die Bergner ihr spielerisch zwei Rollen wegnimmt, die ihr wichtig sind.

Und Frank Wedekind steht 15 Minuten auf einem Bein unter einer Normaluhr – das hat die kapriziöse Schauspielerin zur Bedingung gemacht, damit sie mit ihm auftritt.

Die Beziehungen, die Lotte Lenya pflegt, sind um vieles unkomplizierter. Nach belanglosen Liebeleien zieht sie in die Villa eines tschechischen Millionärs und lässt sich mit Geschenken überhäufen.

»Ich wollte wissen, wie das ist, wenn man alles hat – wenn man vom Chauffeur ins Theater gefahren wird, wenn man schönen Schmuck besitzt und keinerlei Sorgen mehr hat.«

Der Millionär trägt Tag und Nacht Sonnenbrillen, darunter hat er Augen, die »wie Seifenblasen aus den Höhlen quellen. Aber ich gewöhnte mich daran, wie an den plötzlichen Reichtum«, schreibt Lotte Lenya lakonisch.

Aber bald hat sie genug von ihm. Er will sie noch kurz vor seiner Hochzeit zurückholen, aber sie geht nicht darauf ein. Da schickt er ihr alle seine Geschenke nach. Sein Schmuck hilft ihr, den Neubeginn in Berlin 1921 zu finanzieren.

Elisabeth Bergner, die sich selbst so gern mit Geheimnis umgibt, ist fasziniert von ihrer Kollegin. »Sie wurde immer mit Offizieren gesehen und von Offizieren abgeholt, und der Tratsch um ihre Lasterhaftigkeit war enorm. Das Netteste an ihr war, dass sie immer vergnügt war, immer guter Laune. Und dann war um sie eine Atmosphäre von etwas Verbotenem, also sehr interessant«, schreibt sie in ihren Memoiren.

Zürich wird Lotte Lenya zu eng, sie geht, wie so viele Österreicher ihrer Generation, nach Berlin. Während Wien nach der Amputation der Kronländer vor sich hin siecht, entwickelt Berlin einen flirrenden, respektlosen Elan, der Künstler und Kriminelle, seriöse Unternehmer und Spekulanten, Entwurzelte und Glücksritter anzieht. Die Stadt breitet sich bis weit in ihren Grüngürtel aus, Fabriken wachsen aus dem märkischen Sand, die Vergnügungsviertel pulsieren. Auf den Straßen Obdachlose, Huren, Bettler, in den Villen und Bars die neuen Reichen. In den trostlosen Elendsvierteln gedeiht jene Unzufriedenheit, die Hitler wenige Jahre später an die Macht verhelfen soll. Das Geld ist nichts wert, man muss Milliarden Inflationsgeld für das Überleben von heute ausgeben – morgen kostet es bereits Billionen. In den neu geschaffenen Filmstudios bannen experimentierfreudige Regisseure den grellen Widerschein expressionistischer Bilder auf Zelluloid. In den Theatern wird Abend für Abend eine neue Moderne geboren und bald darauf wieder zu Grabe getragen.

Lotte Lenya ist fasziniert vom Spektakel dieser Stadt, aber sie hat kaum Arbeit. Sie verkauft ihren Schmuck, gibt das Geld aus und findet, wie so oft in ihrem Leben, Menschen, die sie vor dem Absturz bewahren: die Familie des bekannten Dramatikers Georg Kaiser gibt ihr Unterschlupf in ihrem an einem See gelegenen Landhaus. Dafür arbeitet sie im Haushalt mit, kümmert sich um die Kinder.

Und dann schickt Georg Kaiser sie zum Bahnhof, um einen Musiker abzuholen, mit dem er an einem Stück arbeitet: Kurt Weill.

Der junge Komponist und Kapellmeister kommt aus einer musikbegeisterten Familie von Rabbinern und Kantoren. Das musikalische Talent des jüngsten von drei Söhnen – auf die noch eine Tochter folgt – wird ebenso liebevoll gefördert wie seine geistige Entwicklung. Kurt Weill beginnt schon als Kind zu komponieren, mit siebzehn ist er Korrepetitor am Dessauer Hoftheater. Der 1900 geborene Musiker hat hochsensible Antennen für alle Strömungen seines Jahrhunderts, das er genau bis zu seiner Mitte erlebt. Er setzt sich mit Literatur so ernsthaft auseinander wie mit Musik, er wird die Werke bekannter Dramatiker des 20. Jahrhunderts in Töne umsetzen. Seiner gedankenvollen Reife verdankt er es, dass ihn der Komponist und Pianist Ferruccio Busoni zu seinem Meisterschüler macht.

Hinter Weills stiller, scheuer Zurückgezogenheit verbirgt sich eine kompromisslose Leidenschaft für Echtheit. Er sucht sie in der Kunst wie bei Menschen.

Und diese junge, vitale Frau mit dem herben Gesicht, die ihn zum Landhaus Georg Kaisers rudert, ist echt – wie gute Musik. Im Moment eines Lidschlags müssen die beiden erkannt haben, wie stark der Magnetismus zwischen ihnen ist.

Der nachdenkliche, oft melancholische Musiker, der auf einem festen emotionellen Fundament ruht, und die nach außen gewandte, zupackende Schauspielerin, die nie gelernt hat, Gefühlen zu trauen, scheinen die beiden Hälften zu sein, die einander endlich finden. Lotte Lenya betört Kurt Weill mit ihrer ungehemmten, naturhaften Sexualität, sie sprengt seine Verschlossenheit, lockt seine Zärtlichkeit, kitzelt seinen Witz an die Oberfläche. Gleich nachdem sie einander begegneten, beginnen sie einen Briefwechsel, der sie durch ihr ganzes gemeinsames Leben, mit allem Auf und Ab, allen Trennungen und Wiederbegegnungen begleitet. Diese Botschaften der Liebe und der Freundschaft gehören zu den schönsten Briefen, die Künstler des 20. Jahrhunderts wechselten. Wer sie liest, denkt voll Trauer, wie wenig Briefe unsere Zeit dank Telefon, Fax, E-Mail überdauern werden.

Erhalten sind vor allem Briefe Kurt Weills, die Lotte Lenya sorgfältig aufbewahrt hat.

Schon Weills erster Brief, gleich nach ihrer Begegnung 1924, zeigt seine tiefe Einsicht in ihr Wesen:

»Linerl!

Es ist wahr, Sie brauchen einen Menschen, der Ihnen gehört, denn da muß einer sein, bei dem Sie nicht lügen sollen. Auch das ist wahr: daß ich es sein muß ...«

Er ist von dieser Erkenntnis nie abgegangen. Lotte Lenya muss noch viel Lebensballast abwerfen, um zu erkennen, dass Weill – kein anderer als Weill – es »sein muss«.

Mit Pathos und kindlichem Geblödel, tiefem Ernst und brennender Leidenschaft übermittelt ihr Weill seine Empfindungen. Er ist zwar jünger, aber um vieles erwachsener als sie, übernimmt Verantwortung, lässt sie an seiner Arbeit teilnehmen, bringt sie mit Freunden und schließlich mit seiner anfangs sehr reservierten Familie zusammen. Jedes Missverständnis, jede Auseinandersetzung ist für ihn Anlass, über ihre Gemeinsamkeit nachzudenken.

Das, was er als Achtzehnjähriger ersehnt hat: »Nur ein einziges Mal würde ich mich gerne total verlieben und alles andere vergessen«, scheint sich endlich zu realisieren. Für ihn ist Liebe etwas, woran man mit aller Kraft arbeiten muss.

Lotte Lenya nimmt die Sache leichter. Sie hat schon so viel hinter sich, dass sie auf der Hut bleibt. Dieser kleine, rundliche Musiker mit der beginnenden Glatze amüsiert sie, seine Liebeserklärungen schmeicheln ihr, sein Ernst ist ihr allerdings ein bisschen unheimlich. Aber Weill gibt ihr ein Gefühl der Geborgenheit und des Vertrauens, das sie bisher nicht kannte. Und so heiratet sie ihn im Januar 1926.

»Wir heirateten eigentlich nur der Nachbarn wegen: ›Haach!! Die sind ja nicht mal verheiratet!‹ Also sagte ich: ›Komm

171

schon, Kurt, heiraten wir lieber. Ist doch ganz egal – kommt eh aufs selbe raus!‹ Und dann, als der Standesbeamte Weill fragte, ob er auch ›lieben, ehren und gehorchen‹ würde, legte Kurt die Hände an die Hosennaht, schlug die Hacken zusammen: ›Jawoll!‹ Hinterher haben wir oft darüber gelacht. Es war wohl Kurts einzige militärische Geste, damals an unserem Hochzeitstag!«

Lotte Lenya und Kurt Weill lachen viel miteinander und sie teilen die Neigung zur Sprachspielerei. Sie entwickeln eine zärtliche Geheimsprache mit vielen Kosenamen. Sie nennen einander Affenschwanz und Blümchen, Schnäubchen, Träubchen, Trrrr, Honeychild.

Weill nennt die Lenya: Ameisenblume, Muschelchen, Rehbeinchen, Tütilein, Zybelinerl.

Diese zärtlichen Namen überleben alle Krisen dieser Ehe und signalisieren eine unerschütterliche Verbundenheit.

Niemand kann sagen, was zuerst da war: Lenyas Seitensprünge und Weills intensiver Rückzug in die Musik. Oder die Enttäuschung Lenyas, dass die Musik bei Weill immer Vorrang hat und ihre Kompensation durch die Zuwendung anderer Männer und Frauen. »Du kommst ohnehin gleich nach der Musik«, sagt Weill ahnungslos. Doch Lotte Lenya will endlich die Erste und Einzige sein, der alles andere nachgeordnet wird. Dass Weill trotz allem der Einzige ist, der sie versteht, begreift sie erst viel später.

Weill ist von unglaublicher Produktivität. Er schreibt Bühnenmusik, Konzertstücke, Lieder. Lotte Lenya bekommt endlich eine Rolle – Shakespeares Julia, die ihr nicht liegt.

Und dann tritt ein Mann in ihr und Kurt Weills Leben, mit dem sie ihre größten Erfolge und den schlimmsten Ärger erleben: Bert Brecht.

Der Autor wüst-genialer Dramen wie »Baal« und verführerischer Lyrik ist eine der schillerndsten Figuren der Berliner Kunstszene. Er wurde in Augsburg 1898 geboren, im selben

Jahr wie Lotte Lenya, und wuchs in bürgerlichen Verhältnissen, von Frauen verhätschelt, von Freunden bestaunt, zu einem Menschenverzauberer heran. Und zu einem Menschenfresser, der alle, die sich ihm unterordnen, benützt und verschleißt.

Den Halbwüchsigen beeindrucken die schlichte Sprache Luthers und die Respektlosigkeit Wedekinds. Im Freundeskreis, in Restaurants, Bars, Bordellen singt Brecht, wie sein Vorbild Wedekind, zur Laute, mitreißend, verführerisch.

Der Dramatiker Carl Zuckmayr erinnert sich: »Wenn er zur Laute griff, verstummte das Geschwirr der Gespräche … alles hockte um ihn her, wie in einen magischen Bann geschlagen.« Brechts Lieder und Balladen sind von poetischer Gewalttätigkeit, seine Stimme ist rau und schneidend, der Mann unscheinbar, ungewaschen und – unwiderstehlich.

Brecht, der Dichter mit dem Sensorium für Musik, und Weill, der Komponist mit der Affinität zum Wort, kommen 1927 mit schlafwandlerischer Sicherheit aufeinander zu.

Weill hat Erfahrung in Zusammenarbeit mit den Autoren Georg Kaiser und Iwan Goll, Brecht mit Avantgardekomponisten.

Nun beginnen sie gemeinsam ein Werk, das sie »Mahagonny-Songspiel« nennen und das eine Vorstufe der Oper »Aufstieg und Fall der Stadt Mahagonny« ist. Weill nimmt beim Komponieren Rücksicht auf Lenyas ungeschulte Stimme und schlägt sie für ein kleine, aber lohnende Rolle vor.

Brecht kommt zu ihnen, um sich Lenya mit dem »Alabama Song« anzuhören. Lotte Lenya kann keine Noten lesen, sie hat das Lied nur nach dem Gehör einstudiert.

Zu dieser Zeit hat sie, wie alte Platten beweisen, eine ganz andere Stimme als in ihrer Glanzzeit als Weill-Interpretin: hoch, schwebend, fast scheu. Diese Stimme steht scheinbar im Widerspruch zur Rolle der Hure Jenny, tatsächlich gibt sie ihr eine sehr menschliche Dimension. Das gefällt Brecht. Er hat nur an Lenyas Armhaltung etwas auszusetzen, wenn sie »O moon of Alabama, we now must say good-bye« singt.

»Nicht so ägyptisch«, meint er. Aber Lotte Lenya hat den Test bestanden.

Bis ans Ende ihres Lebens wird sie – später mit viel tieferer, rauchiger Stimme – die Weill-Brecht-Lieder mit minimalistischer Gestik und intensivstem Einsatz ihrer Erfahrung, ihrer vielfältigen Gefühle interpretieren.

Sie ist die Einzige, die sie völlig authentisch singt, so viele sich auch daran versuchten. Weder Marlene Dietrich noch Milva, um nur einige der bekannten Sängerinnen zu nennen, erfühlten wie sie die verstörende Betörung, die von diesen Rollen ausgeht und die ihrer eigenen Wirkung auf Menschen entspricht.

Nach der Premiere von »Mahagonny« in Baden-Baden 1927 ist sie ein Star ganz eigener Prägung. Brecht und Weill, bisher nur einem avancierten Publikum bekannt, sind auf dem Weg zum Welterfolg – wenn man will, als die ersten Pop-Stars ihrer Zeit. Die Zusammenarbeit Brecht – Weill – Lenya soll fortgesetzt werden, finden alle Beteiligten.

»Was mich zu Brecht hinzieht, ist zunächst das starke Zueinandergehen meiner Musik und seiner Dichtung ...«, schreibt Kurt Weill.

»Dann aber glaube ich bestimmt, dass aus der Zusammenarbeit zweier gleichermaßen produktiver Leute etwas grundlegend Neues entstehen kann.«

Sie entwickeln aus dem Mahagonny-Stoff eine große Oper mit den Mitteln ihrer Zeit. Aber mitten in der Arbeit taucht ein völlig neues Projekt auf. Der Stoff ist 200 Jahre alt, eine gesellschaftskritische Satire, in der Diebe, Bettler, Huren der korrupten herrschenden Klasse den Spiegel vorhalten: John Gays »Beggar's Opera«.

Brechts Mitarbeiterin Elisabeth Hauptmann hat das freche, witzige Musikdrama in London entdeckt und übersetzt. Wie

174

so oft in seiner Karriere lässt Brecht zunächst einmal eine andere für ihn arbeiten und handelt einen für ihn sehr lukrativen Vertrag – mit Fußfallen für alle anderen Beteiligten – aus. Weill, der die Musik komponieren soll, wird von Brecht vor dem Haus des Verlegers abgepasst. Brecht erklärt ihm, er könne 25 Prozent der Tantiemen haben. Oder 100 Prozent von gar nichts. Eigentlich wolle das Theater ja die Originalmusik aus dem 18. Jahrhundert übernehmen. Mit der ihm eigenen Mischung aus schlitzohrigem Charme und kalter Brutalität bringt er Weill dazu, diese Bedingungen anzunehmen. Elisabeth Hauptmann, die den größten Anteil am Buch hat, bekommt 12,5 Prozent. Bert Brecht: 62,5 Prozent.

Jahrelang muss Lotte Lenya nach dem Tod Weills und Brechts um diesen Vertrag und andere trickreiche Abmachungen prozessieren, um zu ihrem Recht zu kommen.

»In mir habt ihr einen, auf den könnt ihr nicht bauen …«, warnt Brecht in einem Gedicht. Die vielen Frauen seines Lebens, die er gegeneinander ausspielt, die seine Texte schreiben und sich ums Honorar prellen lassen, die Freunde und Mitarbeiter, deren Anteil an seinem Erfolg er schmälert: alle selber schuld, der arme B.B. hat es ihnen ja klar und deutlich gesagt!

Eigentlich ist die Bearbeitung der »Beggar's Opera« nur als Gelegenheitsarbeit fürs schnelle Geld gedacht. Ernst Josef Aufricht, der Direktor des Theaters am Schiffbauerdamm, wittert Erfolg und will das Stück so schnell wie möglich aufführen.

In einem wahren Furioso entsteht zwischen Mai und August 1928 die Neufassung, die erst knapp vor der Premiere den Titel »Dreigroschenoper« bekommt.

Die Hauptarbeit leistet Elisabeth Hauptmann, Brecht dichtet zündende Songs, bedient sich aber auch bei Balladen Kiplings und Villons und gibt dem Text die endgültige Form.

Aufricht hat aus Angst vor der progressiven Musik Weills

Theo Mackeben den Auftrag gegeben, die Originalmusik zu adaptieren. Aber bei den ersten Proben stellt sich heraus, welcher Geniestreich die Musik Weills ist. Er kombiniert einschmeichelnde Schlagermelodien mit grellen Jazzmotiven, leiernde Moritatenklänge mit raffiniert instrumentalisierten Chorälen.

Aber die Proben stehen unter einem schlechten Stern: Carola Neher, die Darstellerin der Polly, fällt aus, die Schauspieler toben, weil ihr Text, die Musik ständig verändert werden. Kurz vor der Premiere schreibt Brecht ein Bänkelsängerlied, das Weill über Nacht vertont: »Und der Haifisch, der hat Zähne, und die trägt er im Gesicht. Und Macheath, der hat ein Messer, doch das Messer sieht man nicht ...« Bis zum letzten Moment geht alles drunter und drüber, auf den Programmen fehlt der Name Lotte Lenya. Jetzt bekommt Weill, der bisher die Nerven bewahrte, einen Tobsuchtsanfall.

Aber dann geht der Vorhang auf, enthüllt das grelle Bühnenbild Caspar Nehers, die Moritat von Mackie Messer klingt auf, die zynische Geschichte eines unwiderstehlichen Ganoven, der alle düpiert und dann dem Galgen entkommt, packt das Publikum. Die Songs bohren sich unnachgiebig ins Gedächtnis. Und Lotte Lenya ist in der Rolle der Hure Jenny von so starker Bühnenpräsenz, dass keiner sie vergisst: eine heißkalte Frau, deren fast kindliche Stimme ins Zentrum der Gefühle zielt.

Sie hat eine wirkungsvolle Szene mit Harald Paulsen, einem Macheath, der lustvoll weiblichen Masochismus provoziert. Das Lied der Seeräuber-Jenny: »Ein Schiff mit acht Segeln und fünfzig Kanonen ...« singt eine andere, es gehört zur Rolle der Polly. Erst bei der legendären Verfilmung der »Dreigroschenoper« mit Rudolf Forster singt die Lenya diesen Aufschrei einer rachsüchtigen Frau. Und sie singt ihn so, dass er ihr Lied bleibt, ein Leben lang.

Ganz Berlin singt und pfeift am Tag nach der Premiere Weills

176

mitreißende Melodien, bald erfasst das Fieber Paris, London, Wien, Prag, viel später New York. Innerhalb eines Jahres spielen fünfzig Theater die »Dreigroschenoper« nach. Bis 1932 gibt es Übersetzungen in 18 Sprachen. Barpianisten und Salonorchester spielen die Songs, es gibt Klavierauszüge und innerhalb von zwei Jahren 20 Schallplatten. Weill, der sich zeitlebens gegen eine platte Popularisierung wehrt, schreibt eine Orchestersuite, die in hochkarätigen Besetzungen gespielt wird.

Der Erfolg der »Dreigroschenoper« bringt den Urhebern viel Geld, am meisten natürlich Brecht. Sein proletarisches Outfit mit Lederjacke, ausgebeulten Hosen, Arbeiterkappe behält er zwar bei, aber die Krankenkassenbrille ist jetzt aus Platin, der frühe Grunge-Look von ersten Schneidern, die Zigarren kommen aus Havanna. Und die Unterkunft ein feudales Landgut in Bayern. Kurt Weill, der weit weniger vom großen Kuchen bekommt, kann sich immerhin ein Haus in guter Villengegend und ein Auto kaufen.

Die »Dreigroschenoper« ist *das* Stück einer ebenso zynischen wie angstvollen Zeit. In den Hinterzimmern der Schenken sammeln sich bereits die Schlägertrupps der Nazis – Kurt Weill macht bei Aufführungen seiner Stücke mehrfach Bekanntschaft mit ihnen. In der Nazizeitung »Völkischer Beobachter« möchte man das Stück dem »polizeilichen Straßenreinigungsverfahren« ausliefern. Der Musiktheoretiker und Philosoph Theodor W. Adorno spürt unter der effektvollen Oberfläche der »Dreigroschenoper« ihre verschlüsselte Botschaft: »… denn es ist kalt: bedenkt das Dunkel und die große Kälte.«

Eine, die das Dunkel und die Kälte aus bitterster Erfahrung kennt, Lotte Lenya, gibt den Ängsten und Hoffnungen dieser Zeit ihre Stimme. Sie ist leicht wie eine Feder, die über Abgründen schwebt, ihre Kindlichkeit passt zu den naiven Exotismen, die Bert Brecht so sehr liebt. Die Lenya singt: »O

Moon of Alabama«, »Bilbao« oder »Surabaya Johnny« ohne eine Spur von Kitsch und Schwulst, ganz einfach. Unübertrefflich. Jetzt bekommt sie eine Rolle nach der anderen. Sie spielt nicht nur in Stücken, zu denen Weill die Musik komponiert wie Lion Feuchtwangers »Die Petroleuminseln«, sie wird auch für reine Sprechrollen, wie die Ismene in »Oedipus« von Sophokles oder die Ilse in Wedekinds »Frühlingserwachen« engagiert und hat damit große Erfolge.

Ihre Kollegin aus Zürich, Elisabeth Bergner, inzwischen selbst ein Star, sieht sie in der »Dreigroschenoper« und ist hingerissen. »Und ich muss immer die Lenya anschauen, sie war so phantastisch gewesen … Und sie muß es gemerkt haben, daß ich sie immer anschaue, und schließlich sagt sie zu mir: ›Ja, ja, ich bin's! Ich bin's, Sie irren sich nicht, ich bin die Blamauer‹«, schreibt die Bergner in ihren Memoiren.

Der irritierende Stimmzauber der Lenya verbreitet sich über Platten und Rundfunk. Brecht und Weill arbeiten fieberhaft und mit beträchtlichen persönlichen Problemen weiter. Ihr umstrittenster Erfolg wird die endlich fertig gestellte Oper »Aufstieg und Fall der Stadt Mahagonny«, eine wüste Goldgräbergeschichte, in der jeder käuflich ist und in der Warnungen vor den Nazi-Ideen aufklingen.

Die, die es angeht, verstehen, was gemeint ist, und reagieren bei der Premiere in Leipzig 1930 mit Geschrei, Prügeleien, Terror. Das setzt sich in anderen Städten, die diese Oper spielen, fort. So wie viele, die Hitler unterschätzen, nehmen Lotte Lenya und Kurt Weill das noch nicht ernst.

Sie haben Schwierigkeiten mit Bert Brecht, der alles tut, um Weills überragende Leistung zu minimieren. Der stille, höfliche, geradlinige Musiker, der sich immer wieder als verlässlicher Freund erweist, steht hilflos vor der Egomanie Brechts, der sich als Dichter der Unterdrückten versteht.

Privat ist er ein Diktator, der sich über alle Menschen, die mit ihm zu tun haben, hinwegsetzt. Eine ganze Reihe von Frauen

– Elisabeth Hauptmann ist nur eine von ihnen – dienen ihm als Geliebte wie als Ghostwriter. Er behandelt sie ebenso schlecht wie einige ihm widerspruchslos ergebene Männer, mit denen er in früheren Jahren sexuelle Beziehungen unterhielt.

Nach einer gescheiterten Ehe mit der Wiener Sängerin Marianne Zoff, die inzwischen Theo Lingen geheiratet hat, geht Brecht seine haltbarste Verbindung ein: mit der Wiener Schauspielerin Helene Weigel. Sie ordnet sich ihm bedingungslos unter, toleriert und fördert seine Seitensprünge und gibt ihm durch ihre Ehe das beste Argument gegen die Forderungen seiner Geliebten.

Helene Weigel, die aus einer großbürgerlichen jüdischen Familie stammt und Schülerin der Reformpädagogin Eugenie Schwarzwald war, sorgte bereits als Zwanzigjährige in Frankfurt für Aufsehen. Sie war eine grandiose Charakterschauspielerin, die als Liebende wie als uralte Frau überzeugte. Ihr expressiver Stil, die kalte, harte Stimme fanden allerdings nicht nur Beifall. »Der Schrei ist ihre Normalsprache«, schreibt ein Kritiker. Und später bezeichnet man sie als die »lärmendste Schauspielerin Berlins«. Als sie Brecht begegnet, versucht er die gewohnte Direttissima in ihr Bett einzuschlagen und wird zu seinem maßlosen Erstaunen abgewiesen. Die Frau beginnt ihn zu interessieren.

Als die beiden heiraten, beginnt für Helene Weigel eine lange Zeit der Zurücksetzung, für die sie einmal grandiose Kompensation bekommt. Sie ist eine erstklassige Schauspielerin, aber ihr harter, schon früh verhärmter Typ wird von Brecht vor allem für die Rollen verkarsteter, asexueller Frauen eingesetzt. *Die* Rolle ihres Lebens, die »Mutter Courage«, bekommt sie sehr viel später.

Helene Weigel wird zur besten Komplizin für Brechts Flucht vor der Verantwortung. Bei ihr kann er machen, was er will, sie steht eisern zu ihm und wird zur alles verzeihenden Übermutter, die seine Schwäche als Mittel ihrer Macht über ihn nutzt.

Von ihr gestärkt und gedeckt wird Brecht unangreifbar. So fruchtbar die künstlerische Zusammenarbeit Brecht – Weill ist, so schwierig gerät der persönliche Kontakt. Brecht gefällt sich darin, dauernd den Standpunkt zu wechseln, was Weill, der seinen künstlerischen und persönlichen Grundsätzen verhaftet ist, unerträglich wird. Als Brecht in der Öffentlichkeit Weill einen »falschen Richard Strauss« nennt und einen Fotografen niederschlägt, der den Musiker im Bild haben will, ist das Maß voll.

Lotte Lenya, sinnlichen Männern sonst durchaus zugeneigt, behält Brecht gegenüber ihren scharfen Blick und charakterisiert ihn als einen Mann, der nur Sorgen um seinen eigenen Mythos hat und Menschen danach einschätzt, was sie »ihm zu bieten hätten (und was er dann unweigerlich auch bekam)«.

Während der Auseinandersetzungen Weills mit Brecht hat sie eine neue Erfolgsserie mit der »Dreigroschenoper« auf der Bühne und in der großartigen Verfilmung durch G. W. Papst. Sie brilliert als kühl-gelassene Jenny, die alle Erfahrungen der Welt gemacht hat und sie beiläufig, mit den sparsamsten Mitteln, preisgibt. 1932 bekommt sie die Einladung, in Wien in »Mahagonny« aufzutreten – eine Chance, ihre Familie wieder zu sehen und zu zeigen, was aus ihr geworden ist.

Bei den Proben lernt sie einen blonden Tenor kennen, den außer ihr alle ziemlich durchschnittlich finden. »Der ist aber fesch«, sagt sie dem Regisseur Heinsheimer. Der erinnert sich: »Ich sah ein Glitzern in ihren Augen und wusste, da bahnt sich was an.«

Das Objekt ihrer Begierde, Otto Pasetti, kommt aus einer Wiener Offiziersfamilie, manchmal nennt er sich Dr. Pasetti, manchmal Otto von Pasetti. Er ist verheiratet und hat einen zweijährigen Sohn. Wie so viele vor ihm, kann auch er der aggressiven Verlockung, die von Lotte Lenya ausgeht, nicht widerstehen. Eine leidenschaftliche Beziehung beginnt, die erste, die Lenyas Ehe ernstlich gefährdet.

Weill schreibt weiterhin seine zärtlich-verblödelten Briefe an sie, voll Fürsorge und in unerschütterlichem Vertrauen.

Lotte Lenya und Otto Pasetti fahren am Ende der Aufführungsserie an die Riviera. Beide sind versessen aufs Spielen. Lotte Lenya ist seit frühester Jugend eine begeisterte Kartenspielerin, die allerdings nicht verlieren kann. Nun entdeckt sie gemeinsam mit Pasetti im Casino von Monte Carlo das Roulettespiel, das ihrer Beziehung einen besonderen Kick gibt.

Nichts in den vielen Briefen Weills aus dieser Zeit verrät Eifersucht, Wut, Kränkung. Er nimmt stärksten Anteil an ihrem Leben und er arbeitet wie besessen. Die Beziehung zu Erika Neher (die nicht mit der Schauspielerin Carola Neher verwandt ist), der Frau des bekannten Bühnenbildners Caspar Neher, mag Anteil an dieser Gelassenheit haben.

Brecht nähert sich nach dem Bruch mit Weill wieder an ihn an. Amüsiert berichtet Weill darüber: »Ich war ganz kühl und zurückhaltend, er ganz beflissen, devot, anscheißerisch. Er will ein kürzeres Stück als Ergänzung zu Mahagonny schreiben, mit einer schönen Rolle für dich.«

Die starke Beziehung zu Lotte Lenya klingt immer wieder in Weills Briefen an. Im Januar 1933 denkt er an ihre Hochzeit vor sieben Jahren: »… ob auch mir einstens wieder die Liebe blüht? Wie geht es dir, Linnerle? Bist du gesund und froh? Wenn ich so lange Zeit nichts von dir höre, dann kann ich mir gar nicht vorstellen, dass du überhaupt noch manchmal an mich oder gar: an uns denkst.«

Aber er belastet sich niemals mit traurigen Gedanken. Wie deprimiert er tatsächlich ist, verrät er nur Erika Neher. Seine Depressionen haben auch handfeste politische Gründe. Hitler kommt an die Macht und Weill weiß, dass er nicht mehr in Deutschland bleiben kann. Er hat Freunde und Förderer in

Paris und fährt mit Caspar und Erika Neher, die den Nazis unverdächtig sind, mit nichts als einem kleinen Koffer und etwas Geld nach Paris. Alles, was er in den letzten höchst erfolgreichen Jahren verdient hat, sein Haus, die lukrativen Rechte an seinen Werken, muss er zurücklassen.

Lotte Lenya, noch immer in ihre Beziehung mit Pasetti verstrickt, nimmt so wenig Anteil an dieser Flucht, dass sie Caspar Neher 1953, drei Jahre nach Weills Tod, über die näheren Umstände befragt.

Weill kann in Paris sofort mit neuer Arbeit beginnen. Edward James, ein kunstbegeisterter englischer Millionär, gibt ihm den Auftrag für ein Ballett. Es soll Rollen für seine Frau, die bildschöne österreichische Tänzerin Tilly Losch, und für die Lenya enthalten.

Weill holt für das Libretto Brecht aus dem Schweizer Exil. Dieser ist in Deutschland als Kommunist verfemt und musste das Land verlassen. Wie so oft bewährt sich Weill als verlässlicher Freund, der sich über Divergenzen stillschweigend hinwegsetzt, wenn er jemandem helfen kann.

Gemeinsam arbeiten sie an einer Mischung aus Ballett und Musikdrama: »Die sieben Todsünden«. Hauptdarstellerin ist ein Doppelwesen, gespielt und gesungen von Lotte Lenya, getanzt von Tilly Losch. Anna 1 verkörpert das vorsichtig warnende Selbst, Anna 2 das Ich, das Empfindungen zulässt, Risiken eingeht. Keine Frage, wem die Sympathie Brechts gehört.

Das ungewöhnliche Stück spaltet das Publikum, es ist vor allem bei den Intellektuellen ein Erfolg. Lotte Lenya und Tilly Losch, die eine großartige darstellerische Leistung bieten, kommen einander auch privat sehr nahe und gehen eine erotische Beziehung ein, die Otto Pasetti mit schmerzhaftem Staunen zur Kenntnis nimmt. Edward James ist daran gewöhnt, dass seine Frau hauptsächlich an Frauen interessiert ist. Er beschäftigt sich lieber mit seiner Kunstsammlung und gibt Salvador Dalí den Auftrag, ein Sofa nach der Lippenform des Filmstars Mae West zu entwerfen.

Lotte Lenya und Pasetti, die ungehindert nach Deutschland einreisen können, retten einen Teil von Weills Besitz, verkaufen sein Haus und seine Möbel und bringen ihm seine Wertgegenstände. Weill ist sehr dankbar dafür, fördert Pasettis Karriere und bietet dem Paar sogar an, im gleichen Haus wie er zu wohnen.

Was die Lenya bewegt, im Durcheinander ihrer Beziehungen die Scheidung von Weill einzureichen, kann sie sich selbst nicht erklären. Vielleicht will sie wenigstens Weill gegenüber eine klare Position beziehen. Aber sie bereut es bald zutiefst und wird ihr ganzes Leben lang deswegen Schuldgefühle haben. Der feste Halt, den ihr Weill gab, geht ihr ab. Sie macht einen halbherzigen Selbstmordversuch. Stürzt sich dann in eine heftige Affäre mit dem Maler Max Ernst, der später die berühmte Kunstsammlerin Peggy Guggenheim heiraten wird. Max Ernst, der ein unglaublich vielfältiges Werk geschaffen hat – darunter surreale Bilder, Collagen, atavistisch anmutende Plastiken – ist ein sehr eindrucksvoller Mann: asketisch schmal, mit schönem Kopf, sehr früh weiß gewordenem Haar und riesigen blauen Augen. Er besitzt einen unwiderstehlichen Charme, den er scheinbar absichtslos und äußerst wirkungsvoll einsetzt. Lotte Lenya ist sieben Jahre jünger als er und ihre geradlinige Vitalität macht sie für ihn sehr anziehend. Ob er mit seiner Angst vor dem Alter und der Impotenz – in der Hoffnung auf Widerspruch – nur kokettiert, ist Lotte Lenya völlig egal. Sie weiß das richtige Mittel dagegen und setzt es erfolgreich ein. Die Affäre dauert nicht lang, macht aber offenbar tiefen Eindruck auf Max Ernst. Dreißig Jahre später, Lotte Lenya ist Mitte sechzig, bekommt sie in New York einen Brief von Max Ernst mit der Bitte um ein Wiedersehen. Er ist mit einer eindeutigen Zeichnung geschmückt, die seiner Bitte Nachdruck verleihen soll.

Kurt Weill bleibt Lotte Lenya auch nach der Scheidung liebevoll verbunden, er schreibt ihr zärtliche Briefe und ignoriert ihre rasch wechselnden erotischen Beziehungen. Falls die Scheidung Lenyas Versuch war, selbständig zu werden, die unerfüllbare Sehnsucht nach einer Vaterfigur loszuwerden, so ist er gescheitert. Sie nimmt Weills Rat und Hilfe und sein Geld nach wie vor in Anspruch und sie singt seine Musik. Und ganz selbstverständlich bezieht Weill sie auch in sein neues Projekt ein, das gemeinsam mit Franz Werfel und Max Reinhardt entsteht. »The Eternal Road« – ursprünglich: »Der Weg der Verheißung« – ist die szenische Aufbereitung jüdischer Geschichte. Mit enormem Aufwand von Massenszenen und Bühneneffekten soll dieses große Thema den Amerikanern nahe gebracht werden.

Motor des Unternehmens ist der aus Polen stammende Journalist Meyer Weisgal, ein überzeugter Zionist und ein Theaternarr. Als Max Reinhardt 1933 aus Deutschland vertrieben wird, telegrafiert ihm Weisgal unter der Adresse: Max Reinhardt, Europa: »Wenn Hitler Sie nicht haben will, ich nehme Sie.«

Reinhardt ist dem überschwänglichen Weisgal gegenüber skeptisch, er fürchtet, dass Weisgal ein Kitsch-Spektakel plant. Mit den Künstlern Werfel und Weill soll die Sache Niveau bekommen. Aber schon der Anfang ist schwer. Weisgal ist gläubiger Jude und will Werfel, der Alma Mahler zuliebe Katholik wurde, zum Glauben der Väter zurückführen, dabei versucht er die protestierende Alma mit viel Benedictine-Likör ruhig zu stellen. Er beschreibt ironisch die Arbeitssituation: »Drei der bekanntesten un-jüdischen jüdischen Künstler, versammelt am ehemaligen Wohnsitz des Erzbischofs von Salzburg [Schloss Leopoldskron], mit einem Ausblick nach Berchtesgaden, jenseits der bayerischen Grenze, auf Hitlers späteren ›Berghof‹, verpflichten sich, die Bedeutung ihres Volkes, das sie scheinbar vergessen hatten, bis Hitler an die Macht kam, in einem hochdramatischen Werk zum Ausdruck

184

zu bringen.« Die Standpunkte sind nicht leicht zu vereinen, das Arbeitsklima ist aufgeheizt. »Ich schrie, Weill schrie, Werfel schrie. Schließlich schrie Reinhardt. Erst danach wusste ich, dass uns etwas gelungen war.«

Weill nimmt seine Arbeit sehr ernst, studiert in französischen Bibliotheken alte jüdische Musik und beginnt zu komponieren. Wie immer hat er wieder eine Rolle für Lotte Lenya vorgesehen. Sie ist glücklich darüber und hofft über die gemeinsame Arbeit auch wieder zu einer privaten Einigung mit ihm zu kommen. Im Sommer 1935 fahren sie gemeinsam nach New York – in eine neue Existenz.

Kurt Weill ist von all den vielen prominenten Emigranten der Zwischenkriegszeit derjenige, der sich am schnellsten und konsequentesten in einen Amerikaner verwandelt. Lotte Lenya bleibt Europäerin, ihren wienerischen Akzent behält sie bis ans Lebensende.

Weill ist so verstört über die braune Barbarei, dass er sich völlig von seinen Wurzeln löst. Er lernt in kürzester Zeit Amerikanisch und übernimmt auch die Musiksprache Amerikas in sein Werk.

»The Eternal Road« gerät zu einem Monsterunternehmen, das immer wieder zu scheitern droht. Drei Jahre dauern die Vorbereitungen, unzählige Geldgeber haben kleine oder große Vermögen investiert.

»Es gab kaum einen New Yorker Juden mit ein paar Dollar in der Tasche, dem nicht die zionistische Pistole auf die Brust gesetzt und sein Obolus abgefordert worden war«, erinnert sich Max Reinhardts Sohn Gottfried. Fünfhundert Mitwirkende, Sänger, Tänzer, Schauspieler, Choristen sind aufgeboten, sie bevölkern die gigantische Szenerie, die in fünf Spielebenen rund um einen Berg aufgebaut ist.

Wesentlicher Teil des Erfolgs ist Weills Musik, die traditionell jüdische und moderne Klänge kombiniert. Lotte Lenya spielt Miriam, die Schwester Moses', keine große Rolle, aber sie fällt

durch die Intensität ihrer Stimme und durch ihre Wortdeut-
lichkeit auf. Aber »Eternal Road« muss nach 153 ausverkauf-
ten Vorstellungen abgesetzt werden – das Defizit des Unternehmens ist gewaltig.

Kurt Weill integriert sich schnell in das amerikanische Thea-
ter- und Filmgeschehen. Er bevorzugt patriotische amerikanische Themen, um seine Dankbarkeit für sein Exilland auszu-
drücken. Er und Lotte Lenya heiraten wieder. Nach wie vor
gibt es für beide gelegentlich andere Partner, aber ihr Vertrau-
en, ihre Freundschaft ist so groß, dass ihre Ehe nicht darunter
leidet.

Unter ihren wechselnden Liebespartnern behauptet sich ein
Freund in Lotte Lenyas Leben, der witzige homosexuelle Literat George Davis. Er ist ein liebenswürdiger, kultivierter
Gesprächspartner, begleitet sie ins Theater oder in Restaurants. Allerdings hat er eine verhängnisvolle Neigung zur Ge-
waltszene, aus der er häufig schwer verletzt auftaucht. Er lebte jahrelang in Paris, veröffentlichte einen einzigen, brillanten
Roman und kehrt nach Amerika zurück, wo er bei Lifestyle-
Zeitschriften arbeitet. Lotte Lenya ist glücklich, dass er sie begleitet, wenn Kurt Weill arbeitet und – wie jetzt immer häufi-
ger – in Hollywood zu tun hat.

Diese selbständige, ungenierte Frau, die man für eine der
emanzipiertesten ihrer Zeit halten könnte, kann nicht allein
sein, sie braucht männliche Gesellschaft nicht nur im Bett,
sondern auch, wenn sie in der Öffentlichkeit erscheint. Und
George Davis ist dafür der denkbar angenehmste, unterhalt-
samste Partner.

Kurt Weill arbeitet mit einer Intensität, die ihn kaum zur Ruhe kommen lässt. Seine Aufträge für Filmmusik sind gut bezahlt und ermöglichen ihm, ein Landhaus im Hudson-Tal, eine Autostunde von New York entfernt, zu kaufen. In der
Nachbarschaft leben viele Künstler, unter ihnen der Schriftsteller Maxwell Anderson, mit dem Kurt Weill eine tiefe

Freundschaft und eine enge Arbeitsgemeinschaft verbindet. Mit ihm gemeinsam schreibt er das Musical »Knickerbocker Holiday«, das von der Stadtgründung New Yorks handelt. Die bekannteste Melodie daraus ist »September Song«, eines der reizvollsten Lieder Kurt Weills, das bekannte Interpreten – und natürlich auch Lotte Lenya – singen.

Sie hat Probleme mit dem ganz andersartigen amerikanischen Schauspielstil und mit ihrem unausrottbaren wienerischen Akzent. Eine Zeit lang genießt sie das idyllische Landleben im neuen Haus mit den anregenden Nachbarn. Aber sie ist nicht der Typ, der geduldig mit anderen Künstlerfrauen darauf wartet, dass ihr Mann nach Hause kommt und von seiner Arbeit erzählt.

Also tritt sie, da man ihr keine passenden Rollen anbietet, in einem Nachtklub mit Weill-Songs auf und bezaubert mit ihrem europäischen Charme, mit ihrer schwebend leichten, mädchenhaften Stimme ein vor allem aus europäischen Emigranten bestehendes Publikum. Dann kehrt sie in das idyllische Haus am Bach zurück und wartet auf Rollen.

Kurt Weill komponiert ein Erfolgsstück nach dem anderen. Gemeinsam mit Ira Gershwin, dem Bruder von George Gershwin, als Texter schreibt er »Lady in the Dark«. Es ist das erste Musical, in dem die Psychoanalyse – einer schicken Verlegerin – eine Rolle spielt. Fabelhaft ausgestattete Traumsequenzen und eingängige Songs lenken das Publikum von der tristen weltpolitischen Situation ab, Premiere ist Januar 1941, im Dezember dieses Jahres tritt Amerika in den Krieg ein.

Als Nächstes schreibt Weill das Musical »One Touch of Venus«, eine Pygmaliongeschichte, deren Hauptrolle Marlene Dietrich zugedacht ist. Sie lehnt dann aber ab, am Broadway spielt Mary Martin die Venus, in der Hollywood-Verfilmung Ava Gardner.

»Lady in the Dark« wird mit Ginger Rogers in der Hauptrolle verfilmt.

187

Alles, was Weill angreift, wird zum Hit. Aber die effektvollsten Rollen spielen andere. Lotte Lenya sitzt im Publikum und applaudiert tapfer.

Kurt Weill und Maxwell Anderson versuchen ihr zu helfen. Anderson schreibt für sie eine Rolle nach Maß in seinem Stück »Candle in the Wind« – ein Dienstmädchen, das aus Wien flüchten musste und mit gutem Grund nicht perfekt amerikanisch spricht. Lenya geht mit dem Stück quer durch Amerika auf Tournee. Weill komponiert für sie ein Musical mit Episoden aus dem Leben des Bildhauers und Goldschmieds Benvenuto Cellini: »The Firebrand of Florence«, in dem sie eine amouröse Herzogin spielt. Aber das Stück wird vom Publikum nicht angenommen und bald abgesetzt.

Kurt Weills maßlose Arbeitsüberlastung macht sich mit Herz- und Kreislaufbeschwerden bemerkbar, aber er achtet nicht darauf. Kaum ist eine große Arbeit zu Ende, beginnt er ohne Erholungspause die nächste.

Manchmal arbeitet er an mehreren Stoffen gleichzeitig und immer sind es große amerikanische Themen wie »Moby Dick« oder »Huckleberry Finn«.

Kurz nach seinem fünfzigsten Geburtstag am 2. März 1950 hat er eine schwere Erkältung und ist endlich bereit, sich auszuruhen. In der Nacht vom 17. März bekommt er einen Herzanfall und muss ins Krankenhaus gebracht werden. Dort erholt er sich zunächst, arbeitet sofort weiter und macht Pläne. Und dann fällt er ins Koma und stirbt am 3. April 1950.

Lotte Lenya ist erstarrt, teilnahmslos, als könnte sie die Wirklichkeit nicht wahrnehmen. Ihr großer Freundeskreis versucht sie aufzufangen. Beim Begräbnis sind sie alle da – Freunde, Kollegen, Verwandte. Und eine Fremde in Schwarz, Weills langjährige Freundin aus Los Angeles, der Lotte Lenya die Möglichkeit gibt, Abschied von ihrem Geliebten zu nehmen. Als sich die Trauernden zerstreuen, spricht Kurt Weills Schwager einen Kaddisch, das jüdische Trauergebet, über das

Grab. Nach dem Begräbnis bricht Lotte Lenya zusammen. Sie erträgt es nicht, allein in ihrem Haus zu sein, Freunde, Nachbarn wechseln einander ab, bei ihr Wache zu halten.

Fünf Wochen nach Weills Tod schreibt sie in einem Brief an ihren Freund Manfred George einen Satz, der zum Programm ihrer nächsten dreißig Jahre wird: »Ich hoffe, daß ich auf dem rechten Weg bin, für ihn weiter zu leben, so daß er nicht zu schnell vergessen [wird] in einer Zeit, die keine Zeit hat, sich zu erinnern, was gestern war.«

Die Aufgabe, die sie sich damit stellt, bedeutet: In Europa kennt niemand Weills amerikanisches Werk, in Amerika niemand sein europäisches. Bei der gewaltigen Fülle seiner Arbeit ist die Vermittlung eine Aufgabe, die ein Mensch kaum bewältigen kann.

Das Urheberrecht von Weills früheren Werken ist völlig ungeklärt – durch die Wirren der Nazi- und der Nachkriegszeit weiß niemand mehr, wo die alten Verträge sind. Der Verleger der »Dreigroschenoper« in Berlin hatte Selbstmord begangen. Und in der Wiener Universal-Edition, die Weills andere Rechte betreute, waren die Manager von einst längst verschwunden und niemand von den neuen hat eine Ahnung von den alten Abmachungen.

Dazu kommt noch das eigenmächtige Vorgehen von Bert Brecht, der über den Kopf seiner Mitarbeiter hinweg Verträge abgeschlossen hat.

Lotte Lenya ist völlig ahnungslos, welches Erbe sie übernimmt, Kurt Weill hat sie nie über die Hintergründe seiner Arbeit informiert – wie es seinem Rollenverständnis ihr gegenüber entsprach. Er war der schützende, erhaltende, entscheidende Mann, sie das kindlich-verantwortungslose Wesen, dem der Ernst des Lebens ferngehalten werden musste.

Sei es aus nachgetragener Liebe oder aus dem Bestreben, sich durch Arbeit aus ihren Depressionen zu holen, vielleicht auch aus Schuldgefühl, wie es Lenyas Biograf Donald Spoto ver-

189

mutet: Weills Arbeit wird jetzt zur großen, alle Energien bindenden Arbeit für sie. »Jetzt nach seinem Tod erhielt diese Musik bei ihr Vorrang«, schreibt Spoto. »Zu Lebzeiten hatte er seine Musik mehr geliebt als seine Frau; jetzt liebte seine Witwe sie in gewisser Hinsicht mehr als sie ihn geliebt hatte.«
Wenige Wochen nach Weills Tod trifft sie George Davis, den anregenden, einfühlsamen Freund. Es geht ihm nicht besonders gut, er gilt als hochbegabter, aber unzuverlässiger Mitarbeiter und hat gerade wieder eine Stellung verloren. Also hat er viel Zeit für Lotte Lenya und ist bereit, auf ihren Schmerz einzugehen und neue Pläne für sie zu machen. Und wird zu ihrem besten Berater und Mitstreiter in ihrer Karriere als Weill-Interpretin und als Bewahrerin des künstlerischen Erbes.
In einem legendären Konzert im Februar 1951 in der New Yorker Town Hall wird im ersten Teil Musik seiner amerikanischen Zeit aufgeführt, im zweiten Teil eine deutsche Konzertversion der »Dreigroschenoper« mit Lotte Lenya.
Jubel umbrandet sie, als sie in unprätentiöser Haltung und höchster Konzentration singt. Jeder, der dabei ist, weiß, was dieser Balanceakt für sie bedeutet: Sie zittert vor Nervosität und wird von der Kraft dieser Musik über sich selbst hinaus getragen. Es ist eine Neugeburt für Lotte Lenya, die Frau, die Weill singt wie keine andere.
Und sie weiß, dass sie es allein nicht geschafft hätte. »George half mir aus der tiefen, tiefen Depression heraus, in der ich steckte. Er überzeugt mich, daß ich im Theater noch immer einen Platz hatte und daß ich für den Namen Kurt Weill nur etwas tun konnte, indem ich mir einen eigenen Namen machte«, schreibt sie.
So ideal die Verbindung in beruflicher Hinsicht ist, im privaten Bereich gibt es viele Probleme. Lotte Lenya ist finanziell abgesichert, aber sie glaubt zu verarmen, wenn sie nicht jeden Cent zweimal umdreht. George Davis hat kein Geld, dafür einen starken Hang zum Luxus. Geld wird daher in ih-

190

Lotte Lenya

rer Beziehung zu einem Macht- und Druckmittel, das Lotte Lenya nach Lust und Laune einsetzt. Gelegentlich wirft sie es zum Fenster hinaus, um gleich darauf wieder die Sparschraube anzuziehen. Andererseits ist sie selig, nicht mehr allein zu sein und einen Partner zu haben, mit dem sie unentwegt über Weill reden kann, was jeden anderen schwer belastet hätte. George Davis macht einen Beruf daraus, Lenya und Weill zu fördern. Zwischendurch verschwindet er aber in einem Milieu, in dem er oft lebensgefährliche Abstürze hat.
Kaum einer von Lotte Lenyas Freunden versteht, warum sie

diesen Mann heiratet. Wie abhängig sie von der freundlichen Nähe eines Mannes ist, auch wenn er erotisch nicht an ihr interessiert ist, wissen die wenigsten.

George Davis hat einen sicheren Instinkt dafür, wie sich Lotte Lenya dem glamoursüchtigen Publikum der fünfziger Jahre präsentieren soll: nicht im Stil der herrschenden Mode, der sich Stars und Starlets bedingungslos unterwerfen.

Lotte Lenya ist zwei Jahre älter als das Jahrhundert, sie war nie eine glatte Schönheit, und wenn Maskenbildner sie dazu machen wollten, konnte sie fast wie ein Transvestit aussehen. Aber sie hat ein Gesicht, das unverwechselbar ist, vom Leben gezeichnet, manchmal sehr hart, dann wieder mädchenhaft unbeschwert. Ihre Figur ist schlank und elastisch, sie bewegt sich gut und sie hasst Posen.

George Davis gibt ihr den optischen Stil, der ihr entspricht: sehr schlichte Kleider, heller Teint, die üppigen Lippen stark geschminkt, das dünne Haar grellrot. Die umschatteten Frauengesichter auf den Bildern Toulouse-Lautrecs inspirierten diese Aufmachung. In einer Zeit, in der amerikanische Show-Sängerinnen glitzernd und gestriegelt wie Zirkuspferde auftreten, erregt Lotte Lenya in ihrer malerischen Schlichtheit Aufmerksamkeit.

1953 ist es endlich so weit, dass nach endlosen Verhandlungen mit Brecht die amerikanische Fassung der »Dreigroschenoper« entsteht. Zwei junge Produzenten riskieren es, das in Amerika unbekannte Stück in einem kleinen Theater in Greenwich Village herauszubringen. Sie bestehen darauf, dass Lotte Lenya die Jenny spielt. Dagegen wehrt sie sich entschieden – sie ist fünfundfünfzig und fürchtet sich vor einem Misserfolg. George Davis bringt sie dazu, wenigstens einen Versuch zu machen. Lotte Lenya meint, schlimmstenfalls könne man sie ja umbesetzen.

Die Bedingungen der Produktion sind abenteuerlich, es gibt fast kein Geld, alle im Theater müssen alles machen. Was Lot-

te Lenya vor allem motiviert, an diesem armen Theater mitzuarbeiten: Sie hat die Gewissheit, dass die Original-Instru-
mentierung Kurt Weills gespielt wird.

Im März 1954 ist Premiere. Lotte Lenya steht in der Rolle auf
der Bühne, die Teil ihres Lebens ist. Mit ihr wird sie wieder so
jung wie bei der Premiere vor einem Vierteljahrhundert, mit
ihr erlebt sie die Anspannung, dem Stück, der Musik wieder
zum Durchbruch zu verhelfen. Und den Triumph, dass es gelingt.

Das Publikum rast vor Begeisterung, die Kritiker jubeln und
Amerika hat über Nacht einen neuen – alten – Hit: »Mack the
Knife«, das Lied von Mackie Messer, schlägt in New York genauso rasch ein wie nach der Premiere in Berlin. In kurzer
Zeit entstehen siebzehn verschiedene Platten mit Interpreten
wie Frank Sinatra, Ella Fitzgerald, Louis Armstrong. Sie machen den Geniestreich Kurt Weills zu einem der erfolgreichsten Schlager des Jahrhunderts.

Zehn Wochen ist die Vorstellung ausverkauft, dann muss sie
unfreiwillig pausieren, weil das Theater für eine andere Produktion vermietet wurde. Im September 1955 läuft die »Dreigroschenoper« wieder an und wird mit 2 611 Reprisen der bis-
herige Rekord an Langlebigkeit einer Theaterproduktion.

Mit dem Erfolg der »Dreigroschenoper« beginnt das Interesse
an den europäischen Arbeiten Kurt Weills. Die Lenya wird in
einem Alter, in dem viele an Rückzug denken, zum Star, der
in der Folge die größten Konzerthallen füllt.

Dieser Erfolg gibt ihr die Kraft, nach Deutschland zu gehen,
um Weills amerikanische Musik bekannt zu machen.

Sie kommt mit ihrem Mann, George Davis, 1955 nach Berlin,
in eine fremde Stadt voll Ruinen, mit Menschen, die von ihrer
Vergangenheit nichts wissen wollen. Und sie hat eine Begegnung mit Bert Brecht, die sie erschüttert.

Den letzten Kontakt mit ihm und Helene Weigel hatte sie
noch in Amerika, der letzten Station seiner Flucht, die von

193

Deutschland über die Schweiz, Dänemark, Russland nach Kalifornien führte. Brecht wusste natürlich von Weills Broadway-Erfolgen und bemühte sich, die alte Beziehung wieder aufleben zu lassen. Weill, immer bereit, einen neuen Anfang zu machen und schlechte Erfahrungen zu vergessen, hatte Brecht in sein Landhaus bei New York eingeladen. Inzwischen hatte Brecht versucht, ohne Rücksprache mit ihm eine amerikanische Fassung der »Dreigroschenoper«, mit schwarzen Darstellern auf die Beine zu stellen.

Lenya fühlte sich in ihrer Meinung über den »chinesisch-Augsburger Hinterwäldler-Philosophen« bestätigt und schrieb an Weill: »Ich kann nicht daran glauben, dass er je imstande ist, seinen Charakter zu ändern, und der ist selbstsüchtig und wird es immer bleiben.«

Aber sie machte gute Miene, als Brecht zu Gast war, veranstaltete eine Party, zu der sie prominente amerikanische Dramatiker wie Maxwell Anderson und Elmer Rice einlud. Weill hatte eine sehr tiefgehende Freundschaft und Arbeitspartnerschaft mit Anderson, Lotte Lenya war mit dessen Frau befreundet. Brecht reagierte wie ein eifersüchtiges Kind, das mit Gewalt Aufsehen erregen muss, weil es nicht im Mittelpunkt steht. Er setzte die Schriftsteller herab, nannte sie reaktionär und sprengte die Party. Weill hatte jetzt endgültig genug von ihm ...

Nun, fünf Jahre nach Weills Tod, kommt Lotte Lenya nach Ostberlin, wo Brecht mit Helene Weigel das Berliner Ensemble formierte. Sie spielen im Theater am Schiffbauerdamm, wo seinerzeit die »Dreigroschenoper« uraufgeführt wurde. Das Theater verfügt über gewaltige Subventionen, Vorstellungen können bis zu einem Jahr geprobt werden, Brecht lädt Lenya ein, Mitglied des Ensembles zu werden, aber sie lehnt ab. Aber sie möchte mit Brecht die Interpretation der ersten Weill-Songs besprechen, die sie im Nachkriegsdeutschland für eine Plattenproduktion macht.

»Vielleicht ist dir das nicht episch genug, Brecht ...« Brecht geht auf sie zu, berührt sanft ihr Gesicht und sagt: »Lenya, mein Liebling, alles, was du tust, ist episch genug!« Und dann laufen ihm die Tränen über das Gesicht. Lotte Lenya singt für ihn »Surabaya Johnny«, einen Song, den Brecht völlig vergessen hat. Er ist tief berührt davon. »Dieses Gedicht werde ich jetzt nie mehr vergessen. Du hast es so gesungen, wie ich es geschrieben habe.«

Lotte Lenya macht ihre Plattenaufnahmen, besucht ihre Familie in Wien und versucht sich im Dschungel der Urheberrechtsbestimmungen zurechtzufinden. Brecht hat die unklare Situation nach dem Krieg zu seinem Vorteil genutzt und die gemeinsamen Rechte einem neuen Verlag gegeben. Bald hat Lotte Lenya es wieder mit dem gewohnten Brecht zu tun.

George Davis schreibt in einem Brief, den Lenya-Biograf Donald Spoto zitiert: »Wenn sie zusammen sind, wirken Brecht und die Weigel wie schlaue, zähe Bauersleute, aber manchmal bricht auch eine ganz andere Atmosphäre durch, dann sind sie wie ein zwielichtiges Intrigantenpaar ... Er hat den Stalinpreis – aber keine voreiligen Schlüsse: die politische Kraft, die Drahtzieherin, das wirklich gefährliche Mitglied dieses Teams ist sie!«

Das Zusammensein ist nicht erfreulich, aber Lenya bleibt der düsteren Duse der DDR, die sie seit ihren Anfängen kennt, nichts schuldig: »Es ist ja ganz erstaunlich, was du alles gelernt hast«, sagt sie Helene Weigel nach einer Vorstellung. Und George Davis schreibt in einem Brief: »Die Weigel ist ganz Willenskraft und mühsames Einstudieren ... und ich glaube, am liebsten würde sie jeden an die Wand stellen und erschießen lassen, wenn einem [ihr Auftritt als ›Mutter Courage‹] nicht gefällt.«

Im August 1956 stirbt Brecht mit achtundfünfzig Jahren. Bald darauf erleidet Lenyas Mann George Davis einen schweren Herzanfall. Er ist fünfzig – so alt wie Weill, als er am gleichen

Leiden starb. Lotte Lenya ist von den schwersten Verlustängsten bedrängt. Bei all seinen Schwächen ist George Davis für sie ein unentbehrlicher Freund und ein verantwortungsvoller Partner in ihrer neuen Karriere geworden.

George Davis erholt sich wieder und begleitet Lotte Lenya auf ihre nächste Deutschlandreise, wo sie Plattenaufnahmen von »Mahagonny« und der »Dreigroschenoper« macht.

Wieder gibt es rechtliche Probleme – Weill soll seinen Anteil an der »Dreigroschenoper« Brecht übertragen haben, heißt es. Das stimmt nicht, aber es kostet George Davis, der Lenya diesen Ärger fernhalten will, seine letzte Kraft. Sein Herz wird immer schwächer. Im November 1957 stirbt er.

Lotte Lenya ist mitten in den Vorbereitungen für die Plattenaufnahmen der »Dreigroschenoper«, sie kann es sich nicht leisten, ihrem Schmerz nachzugeben. Aber alle ihre Gefühle schwingen in ihrer Stimme mit.

Noch gemeinsam mit George Davis hat sie den jungen britischen Musikwissenschafter David Drew kennen gelernt. Sie übergaben ihm das Material, das sie für eine Weill-Biografie zusammengetragen hatten. David Drew, der auch das Werksverzeichnis zusammenstellt und eine Lenya-Biografie plant, ist blitzgescheit, witzig, dem Werk Weills zutiefst verbunden. Lotte Lenya ist hingerissen von ihm. Drew ist zweiunddreißig Jahre jünger als sie, aber das hat sie noch nie gestört. Sie versucht ihn über die gemeinsame Arbeit an sich zu ziehen, er wird zum Freund, Partner, Nachlassverwalter Weills.

Aber dann entzieht er sich Lotte Lenya, geht zurück nach England, um dort zu arbeiten und zu heiraten. Die Lenya, inzwischen fast sechzig, bleibt verzweifelt in Amerika. Je älter sie wird, desto heftiger steigen die Ängste ihrer Kindheit in ihr auf. Sie gerät in Panik, wenn sie allein sein muss, und ist bereit, jeden Preis für Geborgenheit zu zahlen.

Als sie krank und einsam in ihrer New Yorker Wohnung liegt und plötzlich die Türklingel geht, schwört sie sich: »Wenn's ein Mann ist, heirate ich ihn. Egal, welche Größe, Form, Farbe oder sonst was. Wenn's ein Mann ist, heirate ich ihn!« Es ist ein Mann. Und sie heiratet ihn.

Der neue Mann heißt Russell Detwiler, ist sechsundzwanzig Jahre jünger als sie, ein begabter Maler, ein großer Charmeur und ein schwerer Trinker. Er lebt in einer gescheiterten Ehe, fühlt sich aber mehr zu Männern hingezogen.

Als er an ihrer Türe läutet, kommt er, um ihr ein Bild zu bringen, das ihr bei einer früheren Begegnung gefallen hat.

Für Lotte Lenya ist das ein Wink des Schicksals. Zum Entsetzen ihrer Freunde heiratet sie Russell.

Sie hat grandiose Erfolge in Amerika und in Europa: mit Theater, Konzerten, Schallplatten und – einem Film.

In »Der römische Frühling der Mrs. Stone« spielt sie eine aristokratische Kupplerin, die ein eisernes Regiment über eine Schar bildhübscher Gigolos führt. Die bringt sie mit ausländischen Touristinnen zusammen – eine davon ist Mrs. Stone, eine amerikanische Witwe, gespielt von Vivien Leigh.

Die Lenya ist von einer Selbstverständlichkeit des Bösen, die einem den Atem nimmt. Keine Geste zuviel, das Gesicht eine zerklüftete Winterlandschaft – nur noch Geld und Macht zählen. Wie so oft stiehlt Lotte Lenya in einer Nebenrolle den Stars die Show, ohne dass man merkt, wie sie das macht ...

Sie hofft, dass Russell Detwiler die Rolle des fürsorglichen Partners und Managers übernimmt, die seit George Davis' Tod verwaist ist. Aber er hat zuviel mit sich selbst zu tun, um ihr zu helfen. Lenya glaubt ihn aus seiner Selbstzerstörung und Haltlosigkeit retten zu können – der Alkohol ist stärker als sie. Ungewollt schlittert sie in die Rolle der sorgenden, verzeihenden Ersatzmutter, die seine Scheidung erkaufte, seine Bilder propagiert und ihn nach seinen Exzessen pflegt. Aber gerade jetzt würde sie einen Mann wie George brauchen, der sie stärkt und unterstützt.

Die Auseinandersetzung mit Helene Weigel ist nach Brechts

Tod zu einem Krieg der Königinnen über das Werk ihrer toten Männer geworden. Helene Weigel beharrt starr und uneinsichtig auf ihrem Standpunkt. Ihre Härte ist Ergebnis von Jahrzehnten des Verzichts, der Demütigung in ihrer Ehe mit Bert Brecht. Sie hat das alles überstanden. Jetzt ist sie unverwundbar!

Ihre besten Jahre verbrachte sie im Exil, ohne Chance, ihre schauspielerische Begabung voll zu entfalten. Rund um sie junge, schöne Schauspielerinnen, die begierig waren, Brecht-Rollen und Rollen in Brechts Leben zu spielen.

Bis an sein Ende umgab sich Brecht mit einem ganzen Harem, den er argwöhnisch zusammenhielt. Sobald eine dieser Frauen Fluchttendenzen zeigte, entnervt von den vielen Konkurrentinnen und der stoischen Helene Weigel, spann er sie in ein Netz der Verführung ein. Und immer waren sein Charme, seine Leidenschaft, seine Poesie stärker als ihre Erkenntnis seiner infantilen Verantwortungslosigkeit, seiner Egomanie. Helene Weigel lebte in einem ständig wachsenden Tross von Favoritinnen, gegen die sie nichts unternehmen konnte, weil die wichtigsten Frauen Brechts auch Teil seiner Werkstatt waren und seine Stücke spielreif machten.

Elisabeth Hauptmann verdankte er unter anderem den Stoff und Teile des Texts der »Dreigroschenoper«, Grete Steffin war neben anderen Arbeiten an der »Mutter Courage« und dem »Guten Menschen von Sezuan« beteiligt. Ruth Berlau schuf dem Ehepaar im dänischen Exil wichtige Theaterkontakte, arbeitete auch am »Kaukasischen Kreidekreis« und der »Mutter Courage« mit und nahm Brecht unbequeme, zeitraubende Arbeiten ab. Sie war die gefährlichste Konkurrentin Helene Weigels: bildhübsch, sportlich, couragiert, eine brillante Autorin, Regisseurin, Fotografin – und Brecht bis zur totalen Selbstaufgabe hörig.

Helene Weigel erlebte mehrere Selbstmordversuche ihrer Konkurrentinnen, sie ließ, gemeinsam mit Brecht, die sterben-

198

de Margarete Steffin in Russland zurück, um nach Amerika zu gehen. Ruth Berlau bekam ein Kind von Brecht und verlor es bald. Das ständige Wechselbad der Gefühle zwischen Ekstase und kalter Verachtung zerrüttete ihre Psyche, die durch Elektroschocks noch zusätzlich belastet wurde.

Außer diesen Haupt-Nebenfrauen gab es unzählige andere Geliebte, auch im eigenen Ensemble.

Helene Weigel war keine Briefschreiberin und ein sehr verschlossener Mensch. Sie hat niemandem anvertraut, wie es ihr in dieser Ehe erging. Aber es war offenkundig, wie sehr sie dann ihren Triumph genoss, zur ersten Schauspielerin der DDR und Prinzipalin des Brecht-Ensembles zu werden.

1948 kommen sie und Brecht nach fünfzehn Jahren Emigration nach Ostberlin, dramatischerweise während der Blockade Westberlins. Sie fordern ihren Tribut für ihr Bekenntnis zum Kommunismus, das bei Helene Weigel immer viel eindeutiger war als bei Brecht. Bei seiner Aussage vor dem McCarthy-Ausschuss wegen »unamerikanischer Tätigkeit« in Amerika hatte er geleugnet, jemals Kommunist gewesen zu sein.

Ihre erste gemeinsame Premiere ist die »Mutter Courage« im Januar 1949. Helene Weigel, die seit 1933 kaum Theater gespielt hat, spielt die versteinerte Landstörzerin Courage, die ihre Kinder an einen Krieg verliert, von dem sie profitiert. Die Weigel ist hart, böse und zutiefst erschütternd in ihren kargen Gefühlsäußerungen. Über ihren »stummen Schrei«, als sie den hingerichteten Sohn sieht, schreibt ein Kritiker: »Es war das Schweigen, das schrie und schrie …« »Mutter Courage« ist ein Triumph für Brecht, das Ensemble, aber besonders für Helene Weigel, die zum großen Theaterstar der DDR wird. Und zur strikten Wahrerin des authentischen Brechtstils.

Das Regime schlachtet diesen Erfolg propagandistisch aus und macht Brecht und das Berliner Ensemble zum kulturellen Aushängeschild. Die Bedingungen, unter denen er und Helene Weigel arbeiten können, sind luxuriös. Die beiden

führen das abgehobene Leben der kommunistischen Nomen-
klatura in einer Villa am See mit reichlich Personal, Zugang
zu allen Annehmlichkeiten – weit weg von den Einschränkungen und Belastungen des Volks.

Elastisch passen sie sich allen Widersprüchlichkeiten des Re-
gimes an. Friedrich Torberg, brillanter Kritiker und Verfechter
des Brecht-Boykotts in Österreich, parodierte die Moritat von
Mackie Messer: »Und Bert Brecht, der hat ein Rückgrat, doch
das Rückgrat sieht man nicht …«

Helene Weigel gewinnt zusehends an Macht, je älter Brecht
wird. Knapp vor seinem Tod erreicht sie, dass er ein älteres
Testament widerruft und sie zur Alleinerbin mit Verfügungs-
gewalt über sein gesamtes Werk macht.

Damit gehen die Geliebten und Mitautorinnen Brechts leer
aus. Ruth Berlau, die großen Anteil am Leben und Werk
Brechts hat, muss die 50 000 dänischen Kronen von Brecht in
ein Haus investieren, das nach ihrem Tod an Helene Weigel
fällt. Gestärkt von diesem späten Triumph über die am meisten gehasste Konkurrentin geht Helene Weigel daran, das
Werk Brechts in Besitz zu nehmen.

Lotte Lenya, die sich mit gleicher Intensität für das Werk
Weills einsetzt, wird zur neuen Gegenspielerin. Jede neue
Aufführung von Brecht-Weill-Werken muss zwischen den Er-
binnen neu ausgehandelt werden. Können sie sich nicht einigen, platzt eine geplante Aufführung.

Voll Spannung wird 1958 Lotte Lenyas Auftritt in Hamburg
in den »Sieben Todsünden« erwartet. Nach der Premiere in
Paris war das Stück nicht mehr zu sehen. Lotte Lenya bereitet
sich auf die effektvolle Rolle der Anna 1 vor. Vergeblich. Sie
findet keine Einigung mit Helene Weigel, ob es sich dabei um
ein Ballett oder ein Musikdrama handelt – was für die Auftei-
lung der Tantiemen wichtig ist.

Theaterfans in Deutschland entgeht so die Möglichkeit, die
beiden besten – und so verschiedenartigen – Brecht-Schau-

spielerinnen zu vergleichen. Was Helene Weigel wahrscheinlich nicht allzu tief bedauert.

Lenya spielt die »Sieben Todsünden« doch – allerdings in New York, unter der Regie von George Balanchine, mit ungleich größerem Echo der Weltpresse. Einundzwanzigmal müssen die Akteure vor den Vorhang, um sich für Jubel und Applaus zu bedanken. »Lotte Lenya ist zur bewunderten Interpretin der Musik Kurt Weills geworden. Aber es scheint fast, als setze Kurt Weills Musik Lotte Lenya ein Denkmal«, schreibt ein Rezensent.

Dank des amerikanischen Urheberrechts kann Helene Weigel die New Yorker Aufführung nicht verhindern. Aber der Krieg der Witwen geht weiter.

Unter Verschleiß von Nerven und Anwälten setzt Lotte Lenya durch, dass die Musikrechte der »Dreigroschenoper« von 25 auf 35 Prozent hinaufgesetzt werden. Die von Brecht erzwungene Teilung ist unüblich, wenn Komponist und Textdichter ein gemeinsames Werk schaffen.

Nun soll die »Dreigroschenoper« neu verfilmt werden. Und Helene Weigel beharrt wieder auf 25 Prozent.

Der Journalist Paul Moore beschreibt die »knisternde Spannung« zwischen den beiden Frauen. Für ihn ist die Weigel »ein Teufel auf Rädern, wie ein Sherman-Panzer«. Er vergleicht sie auch mit der gnadenlosen rumänischen Politikerin Ana Pauker.

Aber so unangreifbar Helene Weigel scheint, etwas verrät ihre Nervosität, der Bleistift, mit dem sie unentwegt hämmert, fliegt ihr aus der Hand und aus dem Fenster. Vis-á-vis von ihr: Lotte Lenya, in federnder Stärke, nicht ohne Bosheit. Sie kämpft gelegentlich auch mit unfairen Mitteln und unterschlägt den Namen Brecht auf dem Plattencover ihrer Weill-Songs.

Auch wenn für beide das Werk ihrer Männer und dessen authentische Wiedergabe im Vordergrund zu stehen scheint –

im Hintergrund schwelen ihre Eheprobleme. Helene Weigel mag es um den späten, unangefochtenen Besitz an Brecht gehen. Für Lotte Lenya um das unausrottbare Schuldgefühl, sich einem ebenso genialen wie gütigen Mann so oft entzogen zu haben.

Dass die beiden Frauen Repräsentantinnen so entgegengesetzter politischer Systeme sind, mag in den Zeiten des Kalten Krieges die Spannung noch weiter aufheizen.

Lotte Lenya agiert aus der Defensive und ist die Schwächere, weil die von Brecht im Alleingang ausgehandelten Verträge der Nachkriegszeit mühsam nachjustiert werden müssen.

Am Ende dieses persönlich geführten Krieges – Helene Weigel stirbt 1971, Lotte Lenya zehn Jahre später – sagt Lenya, die Anwaltskosten hätten den gesamten Ertrag ihrer Tantiemenkämpfe geschluckt. Wie bei vielen Aussagen zu Geldangelegenheiten ist Vorsicht geboten. Lotte Lenya hatte lebenslänglich Angst vor dem Verarmen. Nach ihrem Tod kann ein beträchtliches Vermögen verteilt werden.

In all den Auseinandersetzungen mit Helene Weigel verhält sich Russell Detwiler völlig passiv. Sein Alkoholismus lähmt seine Willenskraft, zerstört seine Gesundheit und seine Begabung. Lotte Lenya kann sich nicht länger vormachen, dass diese Ehe funktioniert. Aber sie weckt in ihr eine Mütterlichkeit, die niemand in ihr vermutet hat. Sie steht zu Russell, verteidigt ihn gegen ihre Freunde.

Ein amüsantes Filmangebot lenkt sie von der Misere ihrer Ehe ab. Sie spielt in dem James-Bond-Film »Liebesgrüße aus Moskau« eine russische Agentin, die ihre Gegner mit Karateschlägen und mörderischen Schuhen, aus denen vergiftete Messer ausfahren, in Schach hält.

Mit all ihrem vertrackten Humor parodiert sie das grässliche kommunistische Flintenweib. Lotte Lenya ist so grazil wie in ihrer Mädchenzeit und diese Person sollte grobschlächtig und gewalttätig wirken. Ausgepolsterte Kostüme lehnt sie ab, weil sie sie bei ihren grotesken Attacken auf Bond und in der dramatischen Sterbeszene behindern. Aber sie spielt die fehlende Masse so überzeugend, dass keinem auffällt, wie zart sie eigentlich ist.

Die Filmarbeiten schaffen Abstand zu Russell. Aber kaum sind sie beendet, sitzt Lotte Lenya wieder mit ihm in einem Boot, das steuerlos dahinzutreiben scheint. Russell kann nicht mehr für sich entscheiden, verdöst den Tag, hat furchtbare Stürze, Autounfälle, windet sich in Krämpfen. Und wird ihr gegenüber gewalttätig.

Lotte Lenya macht Konzerte, einen Fernsehfilm über Kurt Weill. Und sie wagt sich in Deutschland an die große Rolle ihrer Gegenspielerin Helene Weigel: die »Mutter Courage«. Aber diese Aufführung gehört, nach Meinung deutscher Kritiker, nicht zu den Sternstunden ihres künstlerischen Lebens. Helene Weigel und Therese Giehse werden ihr als die exemplarischen Gestalterinnen dieser Rolle vorgehalten.

Lotte Lenya kehrt nach Amerika zurück und formt dort eine Bühnengestalt so eindringlich, dass alle anderen Interpretinnen an ihr gemessen werden: das Fräulein Schneider in »Cabaret«. Dieses Musical entstand in vielen Zwischenstationen – auch als Bühnenstück – aus einer Erzählung Christopher Isherwoods über das Berlin der Zwischenkriegszeit. Zwischen Naziterror und schleißigem Tingeltangelzauber entwickelt sich die Liebesgeschichte der Cabaret-Sängerin Sally, die mit einem bitteren Abschied endet. Im betulich-kleinbürgerlichen Milieu einer Pension scheitert die Zuneigung des schrulligen Fräuleins Schneider zu einem jüdischen Obsthändler.

Alles, was Theaterleute bisher für absolut unspielbar hielten: politische Verstrickungen, Abtreibung, Unhappy-End ist hier enthalten. Mit sicherem Blick für Wirkung erkennt die Lenya, was in diesem Stück mit der mitreißenden Musik steckt, und sagt ihre Mitwirkung zu, ohne die Bedingungen zu kennen. Voll Begeisterung stürzt sie sich in die Proben, macht sich den

Text mundgerecht, tanzt, singt, spielt so hinreißend und ohne alle Allüren, dass ihr das junge Ensemble zu Füßen liegt. Sie ist achtundsechzig. Na und, meint sie.

»Cabaret«, der Stoff, aus dem die Albträume verlorener Liebe und Ideale sind, wird zur Sensation des Broadways von 1966. Drei Jahre lang sorgt die Produktion für volle Häuser. Lotte Lenya ist selig über ihren Erfolg, über die Intensität ihrer Arbeit.

Mit Russell Detwiler geht es immer schneller bergab. Nach einer radikalen Entwöhnungskur kommt er nach Hause. Und trinkt weiter. Bei einem Sturz vor der Garage von Lenyas Landhaus stirbt er.

So qualvoll diese Ehe auch war, ihr Verlust stürzt Lotte Lenya in schwere Depressionen. Sie muss wieder mit der Einsamkeit leben lernen. Einsamkeit – das ist für sie ein Leben ohne Mann an ihrer Seite. Um sie ist ein großer, anregender Freundeskreis, der sich durch ihre Arbeit am Theater und an Universitäten ständig erweitert und verjüngt. Aber das alles zählt für sie nicht. Der Horror dieser Ehe ist schnell vergessen. Zurück bleibt die Erinnerung an einen Mann, den sie am meisten zu lieben glaubt, weil er sie am meisten brauchte.

Aber als sie ein Freund nach der ersten Trauerzeit fragt, was er für sie tun könne, antwortet sie ohne nachzudenken: »Find mir einen neuen Mann!«

Sie findet ihn selbst, 1971, zwei Jahre nach Russells Tod: den Dokumentarfilmer Richard Siemanowski. Er will einen Film über sie und Kurt Weill drehen. Siemanowski ist ein witziger, gebildeter Mann, vierundvierzig Jahre alt, voll Ideen für neue Filme und ohne Geld, sie zu finanzieren.

Lotte Lenya kann mit ihm über Weill reden, mit ihm lachen, Pläne schmieden. Und sie gibt ihm dafür Geld.

Was dann geschieht, ist wie die gespenstische Wiederholung ihrer dritten Ehe. Siemanowski ist Alkoholiker wie Russell. Und er lebt in fixer Beziehung mit einem Mann.

Donald Spoto, Lenyas Biograf, vermutet, dass dieser Wiederholungszwang Wurzeln in ihrer furchtbaren Kindheit hat. »Wieder wurde sie zu einem Menschen, der einem abhängigen Alkoholiker seine Sucht erst ermöglichte; wieder wurde sie, wie ihre Mutter, eine Frau, die sich vielleicht nur dann sicher fühlte, wenn sie für einen schwachen, emotional unterkühlten Mann sorgen konnte.«

Fest steht: Sie ist so abhängig von der Nähe eines Mannes, dass sie auch in Kauf nimmt, dass dieser Mann ihre Nähe flieht und mit einem anderen Mann zusammenlebt. Aber sie braucht die Illusion, diese Nähe jederzeit herstellen zu können, und heiratet Richard Siemanowski. Allerdings erzählt sie das diesmal nur ganz wenigen ihrer engsten Freunde.

Das Ehepaar lebt kaum gemeinsam und auch beruflich gibt es keine Zusammenarbeit. Lotte Lenya spielt auf einer kalifornischen Universitätsbühne die amerikanische Fassung von »Mutter Courage«, sie beginnt ihre Biografie zu schreiben, geht auf Reisen und spielt in dem Film »Semi-Tough« eine sadistische Masseurin, die nicht nur den wohlgeformten Körper von Burt Reynolds, sondern auch seine Seele durchwalkt. »Haben Sie Sex-Probleme?« Nein? »Alle amerikanischen Männer haben Sex-Probleme!«

Die Ehe geht auseinander, Lotte Lenya überlebt ihren viel jüngeren Mann, wie sie alle anderen überlebt hat.

Jetzt hat sie endgültig genug von Männern und begibt sich in eine Clique lesbischer Frauen, für die sie eine Kultfigur wird. In den Armen einer dieser Frauen wird sie mit dreiundachtzig Jahren sterben. Ihre letzten Lebensjahre sind ein heroischer Kampf gegen den Krebs, den sie mit unglaublicher Haltung und Kaltblütigkeit führt.

Ihrem Einsatz für die Musik Kurt Weills gibt sie schließlich eine unerwartete Wendung.

Vor der Aufführung von »Aufstieg und Fall der Stadt Mahagonny« an der New Yorker Metropolitan Opera lernt sie die

Darstellerin der Jenny – ihrer eigenen Rolle – kennen. Es ist die bildschöne junge Sängerin Teresa Stratas.

Diese Begegnung wird von allen Beteiligten mit größter Aufmerksamkeit beobachtet. Die junge Sängerin und die Ur-Interpretin – kann das gut gehen?

Die Stratas ist voll Angst um ihre künstlerische Freiheit, sie entzieht sich dieser starken alten Frau, die mehr über Kurt Weill und diese Rolle weiß als irgendein Mensch auf der Welt. Sie wehrt sich gegen Lotte Lenyas Einfluss auf sie und kämpft für ihre eigene Interpretation.

In einem Interview sagt sie über die Lenya: »Sie ärgerte sich auch über mich. Ich nahm ihr ja weg, was ihr einmal gehört hatte. Aber sie muss Kurt sehr geliebt haben. Sie tat alles, um seine Musik lebendig zu erhalten, und sie trat ihr Besitzrecht darauf ab.«

Und Lotte Lenya verabschiedete sich von ihrem Leben mit und durch Weill, schenkt Teresa Stratas unveröffentlichte Lieder und tritt aus dem Scheinwerferlicht. »Teresa, hier ist meine Krone«, sagt sie. »Ich übergebe sie dir. Du bist es! Also trag sie von jetzt an!«

206

Weiterführende Literatur

Tilly Wedekind und Ida Orloff
Julius Bab: Schauspieler und Schauspielkunst. Berlin 1926
Ursula Greitner (Herausgeberin): Schauspielerinnen. Der theatralische Eintritt der Frau in die Moderne
Gerhart Hauptmann: Buch der Leidenschaft. Frankfurt am Main 1993
Gerhart Hauptmann: Gesammelte Werke. Berlin 1912
Eberhard Hilscher: Gerhart Hauptmann. Leben und Werk. Berlin 1996
Wolfgang Leppmann: Gerhart Hauptmann. Eine Biographie. Frankfurt am Main 1996
Renate Möhrmann: Die Schauspielerin. Zur Kulturgeschichte der weiblichen Bühnenkunst. Frankfurt am Main 1989
Heinrich Satter: Ida Orloff und Gerhart Hauptmann. Frankfurt am Main 1996
Günter Seehaus: Frank Wedekind mit Selbstzeugnissen und Bilddokumenten. Hamburg 1974
Hugo Thimig: Memoiren. Wien 1962
Tilly Wedekind: Lulu. Die Rolle meines Lebens. München, Bern 1969

Marie Geistinger und Josefine Gallmeyer
Aufmüpfig und angepaßt. Katalog der Niederösterreichischen Landesausstellung in Schloss Kirchstetten. Wien 1998
Blanka Glossy – Gisela Berger: Josefine Gallmeyer. Wien o. J.
Raphael Hellbach: Josefine Gallmeyer. Die letzte Priesterin der heiteren Muse. Wien 1884
Emil Pirchan: Marie Geistinger. Die Königin der Operette. Wien 1947
György Sebestyén (Herausgeber): Die schöne Wienerin.
Hildegard Weinberger: Die Frau als Schauspielerin im 19. Jahrhundert. Wien 1848
Max Waldstein: Aus Wiens lustiger Theaterzeit. Erinnerungen an Josefine Gallmeyer. Berlin 1885

Gina Kaus und Stephanie Hohenlohe
Milan Dubrovic: Veruntreute Geschichte. Wien 1985
Milena Jesenská: Alles ist Leben. Frankfurt 1984
Selina Hastings: Nancy Mitford. Frankfurt am Main 1992
Peter Stephan Jungk: Franz Werfel. Frankfurt am Main 1987
Franz Kafka: Briefe an Milena. Frankfurt am Main 1983
Gina Kaus: Katharina die Große. Esslingen am Neckar 1977
Gina Kaus: Von Wien nach Hollywood. Frankfurt am Main 1990
Rudolf Stoiber und Boris Celovsky: Stephanie von Hohenlohe. München 1988
Helene Thimig-Reinhardt: Wie Max Reinhardt lebte. Percha am Starhemberger See 1973
Alena Wagnerová: Milena Jesenská. Frankfurt am Main 1997
Franz Werfel: Barbara oder die Frömmigkeit. Frankfurt 1996

Lotte Lenya
John Fuegi: Brecht & Co. Hamburg 1997
Gottfried Reinhardt: Der Liebhaber. Erinnerungen an Max Reinhardt. München 1993
Jürgen Schebera: Kurt Weill. Eine Biographie in Texten, Bildern und Dokumenten. Mainz 1990
Donald Spoto: Die Seeräuber-Jenny. Das bewegte Leben der Lotte Lenya. München 1993
»Sprich leise, wenn du Liebe sagst«. Der Briefwechsel Kurt Weill – Lotte Lenya. Herausgegeben und übersetzt von Lys Symonette und Kim H. Kowalke. Köln 1998
Klaus Völker: Elisabeth Bergner. Das Leben einer Schauspielerin. Berlin 1990.

Bildnachweis:

Bildarchiv der Österreichischen Nationalbibliothek: 17, 33, 63, 91, 115, 129

In Fällen, in denen die Rechteinhaber nicht ermittelt werden konnten, bleiben berechtigte Ansprüche gewahrt.